徳間書店

聴きポジのススメ

会話のプロが教える聴く技術

アナウンサー
堀井美香

ガイダンス

なぜアナウンサーが「聴く」ことを語るのか

突然ですが、みなさんの周りにこんな人はいませんか？

- なぜかみんなから愛されている。敵がいない
- この人だったら何時間でも話せる、と思わせてくれる
- 初対面の相手を一切緊張させない
- 老若男女、たくさんの人から頼られている

このような人たちはきっと、「聴く力」の持ち主なのです。

大事な人との関係は、聴くことから始まる。

——私はそう信じています。

はじめまして。こんにちは。アナウンサーの堀井美香です。

2022年、27年勤めたTBSを退社し、50歳にして「えいや」とフリーのアナウンサーに転身。ナレーションやポッドキャスト番組のホスト役、イベントの司会、朗読会の開催など、広くみなさんに「声」を届けています。

そのような経歴の私が、なぜ本書のような「聴く」をテーマにした本を書くのだろう？　と思われたかもしれません。「声」や「話し方」ではないのか、と。

たしかにアナウンサーは、司会やニュースキャスター、ナレーターの仕事に代表されるように、「声」や「話し方」のプロです。

しかも私の古巣であるTBSは、NHKと並んで唯一ラジオ局を持つテレビ局。アナウンサー教育には力を入れており、研修も手厚く、新人は数カ月かけてみっちりと基礎をたたき込んでもらえます。こうした環境ですから、基本的にアナウンスレベルはみな高いと言えるでしょう。

また、「声」や「話し方」の技術が高いだけでなく、みんな個性豊か。お茶の間の知名度がとても高い同僚も、たくさんいました。

そんな精鋭たちの中、私が退社まで絶えずいろいろな番組にアサインしてもらえたのは、なぜでしょうか。

退局したいま、振り返って思い当たる理由はふたつあります。

ひとつはナレーションなどの「読み」に力を入れていて、それを高く評価していただいていたこと。

そしてもうひとつが、「聴く力」が身についていたことです。

30年近く、テレビやラジオでさまざまな番組を担当させていただきました。その中で、私はとくにMCのアシスタントを務めたりトークゲストを迎えたりと、「人間対人間」としてしっかりとコミュニケーションを取るお仕事が多かったのです。情報を一方的に「伝える」というより、MCやゲストのお話を「聴く」お仕事が。

そんなお仕事ではとにかく、目の前の相手に気持ちよく、自由に、そしてできるだけ深いところまでお話ししていただきたいという気持ちで向き合ってきました。

尊敬すべきMCの永六輔さん、久米宏さん、みのもんたさん、竹中直人さん、ジェーン・スーさん。そして第一線で活躍されているゲストの方々。

数えきれないほどの個性豊かな方々とご一緒させていただくなかで、「聴く技術」を磨くことができたのです。

おかげでキャリアを重ねるごとに、ゲストから「話しやすかった！」「ついついしゃべりすぎちゃったよ」「堀井さんが聴き手なら安心だね」と言っていただくことが増え、聴き役として「じゃあ、堀井を呼ぼうか」と呼んでいただけることも多くなってきました。

「話す」プロを目指していたはずが、いつの間にか「聴く」プロにもなっていた、と言っていいかもしれません。

「話すこと」に比べて「聴くこと」は、技術的にも役割的にも軽視されているところがあります。聴くだけならだれにでもできると。

しかし、じつはそうでもないのです。たとえば私は、司会やゲスト、番組のトーンによっても聴き方を細かく変えていました。

相づちのスピードや声の高さを調整する。
質問の深め方も、語尾の収め方も、都度変えていく。
子音の出し方も、適宜コントロールしていました。

これらは、とにかく相手が話しやすいように、安心してご自身を見せてくださるように行《おこな》っていることです。いま、ここまで意識できているという方はほぼいないと思います（むずかしそうに見えるかもしれませんが、ひとつひとつはシンプルなテクニックです。きっとみなさんも会得できます！）。

さらに私は、身につけてきた「聴く力」をプライベートや、アナウンス以外の仕事（管理職や採用の責任者もしていました）でも活かしてきました。

「聴く力」が身についていたおかげで物事がスムーズに進むこともよくありました。

初対面でも2度目以降でも、だれかとの会話をする場面で「困った」「どうしよう」と感じたことはほとんどありません。

また、プライベートでも仕事で聴き役に徹していたときと同じく、「堀井さんがいると場がスムーズに進む」「いてくれると空気がよくなる」とうれしい言葉をいただくこともしばしばありました。

聴く力を手に入れなかったら、ここまでやってこられなかった。

心からそう思うのです。

そんな私が培ってきた「聴く力」を、そのパワーを、お届けしたい。そう思い、この本をつくりました。

「聴く」とはどういうことか

まず一番大切なこと。「聴く」とはどういうことか、簡単にお話しさせてください。

出版社の方に話を伺うと、ここ10年ほどずっと、話し方や会話、伝え方をテーマにした本がベストセラーになっているそうです。たしかに書店を見れば、そうした本がたくさん並んでいます。

一方、「聴く」ことについては、ようやく近年注目されるようになってきたものの、まだまだ「話す」ことに比べるとその大切さが理解されていないように思います。

多くの人がうまくなりたいと願う「会話」は、「話す」人と「聴く」人がいてはじめて成り立ちます。

つまり**会話には「話し手のポジション」と「聴き手のポジション」がある**のです。

会話は、スポーツで言うとサッカーより野球に近いと感じます。サッカーは素人目には攻撃と守備がわかりにくいですが、野球はスポーツ音痴の私でも、表・裏と攻守がわかれているのがわかります。

会話も同じで**「聴く」と決めたら「聴く」のです。**聴き手は、話し手にはならない。それくらい立場をはっきりさせて、はじめて「聴ける」のだと思ってください。

「聴く」と「話す」を混同するわけないと思われるかもしれません。でも実際のところ、多くの人は「聴く」ことに徹しきれていません。しっかり「聴き手のポジション」につけている人は少なく、油断すると話すことに意識が飛んでしまうものです。

けれどしっかり「聴き手のポジション」につければ、得られるものはとても大きいです。**話が盛り上がらずに焦ったり、分かりやすく話そうとがんばったりせず、会話そのものを楽しめるようになります。**

また、**聴き手のポジションに立てば、場の主導権をこっそりと握ることもできます。**相づちや質問で話の方向を動かしたり、さりげなく場の空気をつくったり……。

聴き手は、映画でいうならバイプレイヤー。助演俳優なのです。

「聴き手のポジション」、毎回書くには長いので、略して**「聴きポジ」**と呼びたいと思います。本書では「聴きポジ」を取ることのメリットだけでなく、「聴きポジ」を取るための具体的なアドバイス（相手に心地よく話してもらえる聴き方、反応の仕方、受け止め方など）をお伝えしていきます。

お気づきかもしれませんが、本書では「きく」について「聴く」の漢字を当てていきます。「きく」には、ほかにも「聞く」「訊く」がありますが、いずれも意味が違います。堀井流に「翻訳」すると……。

聞く→相手の話を耳に入れる
訊く→相手に尋ねる、質問する
聴く→相手の話を耳だけでなく心に入れ、ときには質問も交えながら、相手の真に伝えたいことを理解する

本書でお伝えしたいのは、もちろん最後の「聴く」です。
相手の話を心で受け止めるか。寄り添い、相手の言葉を引き出す。
そんな「聴く」を目指していきたいと思います。

「聴く」ために、声・話し方を磨こう

最後にもうひとつ。じつは、「よりよく聴く」ためには、ただ聴く力を伸ばすだけでは足りません。

「声」や「話し方」を磨くことも大切です。

聴くという行為には、「受け言葉」や「相づち」も含まれます。問いだって投げかけます。「聴きポジ」であるからといって、言葉を発さないということはありません。ただ「聴く立場」にあるだけで、だんまりを貫くわけではない。

相手の言葉を受け止め、それに言葉をお返ししていく立場として、**相手が話しやすいと感じる声・話し方を意識する必要がある**のです。

「この人には穏やかに見せたほうが、リラックスして話してくれそうだな」

「知的に見せたほうが、安心してもらえそうだな」

このように判断し、声・話し方を操ることで、自分の印象を変えることはできます。

声のボリュームやトーンをコントロールし、相手がつい話してしまう空気をつくるのも、聴き手の腕の見せどころなのです。

声・話し方も「よりよく聴く」ために不可欠な要素。しっかり整えていきましょう（4章5章で詳しく説明します）。

さて、いよいよ本編へ。本書は聴くことをテーマにした本ですから、この本自体も「聴くように」読んでいただけるよう、みなさんとおしゃべりするような気持ちで進めていきたいと思います。では、参りましょう。

contents

第1章

深く心地よい対話を生む「聴く」心構え

第2章

相手を思い、深い対話を生む「聴く」力

第3章 シチュエーション別「聴く」技術

第4章

よく「聴く」ために、声を育てる

第5章 よく「聴く」ために、話し方を育てる

第6章　対談「聞く」とは何か　阿川佐和子さん

構成　田中裕子（batons）
装幀　三瓶可南子
イラスト　つまようじ（京田クリエーション）
校正　本望和孝

第1章

深く心地よい対話を生む「聴く」心構え

まずはじめに、「話すこと」に支配されているみなさんの意識を、「聴く」へ振り向けていきたいと思います。これが「聴きポジ」に立つ第一歩。

聴くことで、どんな「いいこと」があるのか。
なぜうまく聴けないのか。
どんな心構えで会話にのぞめばいいのか。

私がこれまでこっそり大切にしてきた聴くことの魅力を、お伝えしていきます。テクニック編に入る前に、「話しポジ」にはない「聴きポジ」ならではの醍醐味をしっかり理解していただけるとうれしいです。

「聴く」ことでラクになれる

同僚と。上司と。取引先と。友だちと。ご近所さんと。ママ友と。お店の人と。
職場で。カフェで。エレベーターで。街でばったり遇って。
仕事の話。相談。雑談。本題が始まるまでの、ちょっとした時間を埋めるやりとり。

このように、ひと言で「会話」と言ってもさまざまなシチュエーションがあります。
その中で、あまり親密ではない人、気心が知れているとは言えない相手と話すとき、
次のように感じる方が多いそうです。

「なにか話題を提供しなきゃ（どうしよう）」
「雑談って苦手だな……（どうしよう）」
「なんだか盛り上がらないなあ（どうしよう）」
「つまらない人って思われてないかな（どうしよう）」

もし、そんなふうに焦ったり、落ち込んだりしたことがあるのであれば、ぜひ「聴く」ことに意識を集中してみましょう。

会話にはさまざまなシチュエーションがありますが、共通して言えることもあります。

それは、**「聴きポジ」につくことを意識すれば、だいたいの「どうしよう」が解決できる**ということ。

相手の話を、背景を、気持ちを、意図をしっかり聴いて寄り添うと、「どうしよう」と思う間《ま》がないのです。話題を提供する必要もないし、自分が盛り上げる必要もない。ただただ相手の話を聴くことに集中するだけですから、余計なことを考えなくて済み

ます。そのうえ、

「この人はわかってくれる」

「心地いい、落ち着く」

「ついついいろんなことを話してしまう」

と、よい印象を持ってもらえるようになります。相手をいやな気持ちにさせることや、不安や不信、対抗心を持たれることがなくなる。

結果的に、嫌われる可能性も減らせるというわけです。人間関係に好き嫌いはつきものですが、避けられる「嫌われ」は避けたほうが仕事もプライベートも円滑に進みますよね。


自分自身もラクになれるばかりか、よい人間関係をつくることができる。それが「聴きポジ」のいちばんの魅力です。

ではなぜ、「聴く」にはここまでのパワーがあるのでしょうか？　突然ですが、次のような状況を想像してみてください。

幼稚園児くらいの子どもに、お話を聴かせてあげています。ふと話を切って顔を見てみると、「それで、それで？」と目をキラキラさせてこちらを見つめている。「これからどうなるの？」「どうしてそうなったの？」「えぇーっ！」「おもしろい！」「つづきを教えて！」という、待ちきれない気持ちが伝わってきますよね。そうすると、こちらも「ああ、よかった！　楽しんでくれてるんだな」と安心して話を続けられるでしょう。

でも、こちらがお話を聴かせているのに、遠くを見ていたり、爪をいじっていたり、あくびをしている子どもがいたら？

「あ、この話、興味ないのかな」と不安になったり「退屈させちゃってるな」と残念な気持ちになったりして、なるべく最短でお話を切り上げてあげたくなってしまいますね。

大人の会話だって、同じなんです。

「聴きたい」という姿勢は、話し手を安心させます。うれしくさせます。もっと話したい、この人に聴いてほしい、と思ってもらえます。

多くの人は「話すこと」で自分を知ってもらい、信頼を得ようとしますが、「聴く」ことであなたの人間性を伝え、信頼を得ることはできます。しかも後者のほうが、「自分の味方」「理解者」など、好ましい印象を持っていただける。

それが信頼につながり、豊かな関係を育むことにつながるのです。

会話は聴き手が握っている

だれかと会話する場面がやってきたら、「話し手のポジション」ではなく「聴き手のポジション」を取りましょう。ガイダンスでお話しした通り、私はそれを「聴きポジ」と呼んでいます。私は常にこの「聴きポジ」を狙っていて、**イメージとしては「相手9割、自分1割」のバランスで会話したいと思っています。**

多くの人が無意識にしていることですが、人間が集まると自然と「ポジション」が決まっていきます。2人なら「話す」と「聴く」、複数人なら「場を回す」「話題を提供する」「聴く」といったように。

ですから会話の場についたらまず、「聴きポジ」を確保。「場の中心にならない」

「質問をしたり話を振ったりする」と、しっかりマインドセットしてください。

こうして**「聴きポジ」に入ると、会話の主導権を握れるようになります。**

受け手である「聴きポジ」の人間がどうやって会話をコントロールするのだろう、と思われるかもしれません。でも、どんなになにげない会話でも、じつは「聴き手」が担う役割はとても大きいもの。相づちや質問、受けのコメントで、会話全体をコントロールできるからです。

たとえば先輩と話しているとき、次のように言われたとします。

「昨日、〇〇社のAさんとふたりで飲みに行ったんだけどね、今日から新入社員が部署に配属されるんだって緊張していたよ」

ここから抽出できるトピックは、3つですね。

① 「Aさんとふたりで飲みに行った」
② 「新入社員の配属」
③ 「仕事での緊張」

この3つから、聴き手がどこにフォーカスして、展開していくかで、ゲームブックのように会話は変化していきます。

①「Aさんと飲みに行くんですか？　楽しそうですね。よく行くんですか？」
②「もうそんな季節なんですね。今年はどんな新入社員が入ったか聞いてますか？」
③「Aさんでも新人さん相手に緊張されるんですね。先輩も新人さんに緊張したりするんですか？」

話題を振ったのは先輩のほうでも、そこからどの方向に話をふくらませるかは、聴き手が握っているということがわかるでしょうか。

会話とは流動的なものです。聴き手がどの方向に話を深めるか、どんなエピソードを引き出すかで、次から次へと変化します。

少しハードルを上げた言い方をしてしまうと、**会話の質は、聴く人によって決まる**と言ってもいいかもしれません。

「いま、自分はどの方向に話を転がそうとしているのか」

余裕があるときは、そんな意識を持ちつつおしゃべりしてみてください（とはいえ、インタビューなどのお仕事をしていないのであれば、「どうすれば質を高められるか」とまで考える必要はないと思います）。

もちろん、会話は一発勝負ではないので、①を聴ききったあと、「そういえば……」と③に話を進めるのでも構いません。

まずはシンプルに、「この人に関するこの部分の情報を得たい」と興味を持ったところを狙って問うてみてください。聴き手によって会話が変化していくさまを、実感していただければと思います。

「聴いてあげる」のではなく「教えてもらう」

「聴きポジ」を取るための心構えは、**「教えてもらう」という意識です。**相手のことも、「話し手」ではなく「教え手」と捉えると、どう振る舞えばいいかわかりやすいでしょう。「話を引っぱり出そう」とか「聴いてあげよう」ではなく、「どうかあなたのこと（本人のこと、知識、情報）を教えて！」という気持ちで接する。

実際、「教えていただく」ことで、私たちは多くのことを学ぶことができます。これまでの自分の人生で知らなかったことや考えもしなかったことをインプットできるのです。なんとありがたいことでしょうか！

仕事で偉大な成果を残しているような方にかぎった話ではありません。仕事の後輩であってもママ友であっても、夫婦や恋人同士であっても同じです。どんな些細なことでも（たとえば相手の定番のランチでも、キャリアでも、子育ての方針でも、ニュースへの考え方でも）相手の情報をいただくことで自分はひとつ豊かになれます。

謙虚な気持ちは態度にもあらわれますから、ぞんざいな態度を取ってしまうこともなくなります。

そして、**「私の知らないことを教えてください」という気持ちで対面することで、聴きたいことも泉のようにわいてくるはずです。**

会話は、取材。ひとつでも多くの情報をいただく場。

インタビュアーやアナウンサーのようにオフィシャル感を出す必要はありませんが、ぜひこのスタンスで会話してみてください。

「ウソの好奇心」を捨てる

「聴くスキル」を身につけるというと、「小手先」というイメージがあるかもしれません。相手に「聴いてくれている」と感じさせるようなリアクションを身につけよう、こんな相づちを打てば相手は喜ぶ、というような。

もちろん、そうしたスキルから入るのもひとつのやり方です。本書でも、2章以降では私がこれまで培ってきたテクニックをたっぷりお伝えしていきます。

ただし、好かれるために、いい関係を築くために、自分にトクがあるから「無理やり聴く」ことは「聴きポジ」とは違います。

心から聴きたいと思える自分をつくる。これが、なによりも大切です。

そういうマインドに持っていければ、自分自身も純粋にその場を楽しめますし、結果的にいい人間関係を作れるようになるのです。

みなさんも、セールスの人や取引先、後輩などが自分に対して「ウソの好奇心」を持って話を聴いているとき、なんとなくわかりますよね?

リアクションだけ立派だけれど真心が込もっておらず、その場を回すためだけに「聴いている」人。なぜか「聴かれていない」よりもモヤモヤするし、気を遣わせていることに申し訳なくもなります。

同じように、あなたがどれだけ「ウソの好奇心」を相手にぶつけても、相手と心を通じ合わせることはできません。

はじめは自己暗示でも構いません。**「自分はこの人のことが大好きで、ひとつでも多くのことを知りたいんだ」という気持ちを意識的に持つようにしてください。**

たとえば「なんて素敵な/おもしろい/ユニークな人なんだろう」と心の中で唱え

たり、相手と懇意になる未来を描いたりするのもいいかもしれません。人間とは不思議なもので、「おもしろい」と思えばおもしろいところがどんどん見えてくるものですし、「仲良くなれそう」と思えば親密になれるものです。

ただ、何回か会ったあとなど、すでに嫌な部分が目についてしまっている場合は好奇心を持ちづらいかもしれませんね。そういうときは、**相手の「いいところ」だけにぐーっとレンズを寄せ、注目してみてください。**

「失礼なところがある……でも仕事はすごくできるし、頼れるなあ」

「見栄っ張りだ……でもチーム全体をよく見ているし、思いやりがあるなあ」

そんな「いいところ」を持っている相手は、自分の知らないどんなことを話してくれるのだろう、と考えてみるのです。

ちなみに、ベースにこの気持ちを持てるようになると、どうしても合わない人に遭遇したときに「だいたいの人に興味を持てる自分が好奇心を持てないなんて、よっぽど相性が悪いんだな」と開き直ることもできる、という副産物もあります。

結局は、相手を尊重したり大切に思ったりする気持ち、真心がすべてです。

上辺《うわべ》のハウツーでは、相手の心を開くことはできません。厳しい言い方になってしまいますが、いくら小手先のスキルを磨いても、みなさんの「聴く」についての捉え方や聴く姿勢を変えなければ、よりよい聴き手にはなれないのです。

私の敬愛する聴き上手な方々は、心の底から相手の話を受け止め、本心がにじみ出たリアクションをし、心の底から寄り添ってくれます。

テクニックを身につけることで自信を持つことは大切です。でも、それは第一歩に過ぎません。

「小手先の聴き上手」では、決して幸せな会話はできないということをお忘れなく。

自分に注目しないで相手だけ見つめる

「『聴きポジ』って言ったって、ただ相手の話に黙って耳を傾ければいいんでしょう？ そんなに特別なスキルが必要なのかな？」

ここまで読んで、そう思われている方もいらっしゃるかもしれません。

しかし、「聴く」は意外とむずかしいのです。**相手の話を引き出し、深め、受け止める。**この一連の動作には、意識や技術が不可欠です。ただ黙って、ときどき相づちを打てばいい……というような簡単なものではないんですね。

まず、みなさんが会話している様子を観察していると、**相手の話を「聴ききる」ことができている人はほとんどいない**ように思います。「聴けているつもり」になっている方がとても多いのです。

耳には入れているけれど、心で受け止めきれていない、と言うのでしょうか。聞いてはいるが、聴いていない。

では、どのような人が、「聴ききる」ことができているのでしょうか。

もちろんいろいろな要素があるのですが、聴ききれている人が共通して持っている「姿勢」をひとつ挙げたいと思います。

「自分ではなく相手に注目する姿勢」です。

世の中には「聴き下手」の人――「あの人、話聴かないよね」「あの人と話すとなんかつまらない」と言われる人――がいますが、そんな人の多くは、「うまくリアクションを取れない」「気の利いた返しができない」といった「受け」の問題だけを抱えているのではありません。

「自分がしゃべること」に頭を支配されてしまっているのです。

まだ相手が話しているのに……

「自分はそうは思わない。この反論をぶつけよう」
「あ、この話題なら、あのエピソードを話したら盛り上がるかも」
「意見を求められたらどう話そう。気の利いたことを言いたいな」

と、頭の中で「自分の話」を準備してしまう。相手が話しているのに自分のターンでどう発言するかばかり考えていて、きちんと受け止められていないわけですね。

……そういう「俺、俺」「私、私」なコミュニケーションを取る方、頭に浮かびませんか？

でも、そんなコミュニケーションでは相手のことを知ることはできませんし、半身《はんみ》の姿勢で聴いていることは相手にすぐ伝わります。

読み聞かせの例と同じように「つまらない話をしてしまったかな」と不安にさせますし、なんとなく不穏な雰囲気になれば「居心地の悪い時間を過ごした人」という印象を持たれるわけですから、いい人間関係を築くに至りません。

「話が合わない」というのは、この「姿勢の悪さ」からスタートしている場合も少なくないのです。

また、会話の中で「なんだか気まずいな」と感じる人は、「自分がつまらない人間だと思われていないか」に注目しているのではないでしょうか。

私はいつも本気で「聴きたい！」と思っているせいでしょうか、自分がどう思われているかに意識を飛ばしたことがないため、「気まずさ」を感じたことはないかもしれません（鈍感なだけかもしれませんが……）。

さて、一緒にいる相手ではなく、自分にばかり注目してしまうクセは、意識するだけでずいぶん改善できます。

「この会話の主役は相手だ」と心の中で指さし確認し、**「9割聴く」**と決めるところから会話をはじめましょう。

もっと具体的に、**「相手について3つ新しい情報を得るまで自分の話はしない」**という目標を立てるのでも構いません。いずれにしても、自分の話をしそうになってもぐっと飲み込む練習をしましょう。ただ、相手の話を深めることに徹するのです。

ちなみに、自分の話に微妙な反応をされたときも「自分への関心」が低ければまったく気になりません。自分は会話の「助演俳優」なのですから、薄いリアクションも気にする必要はないのです。「それで、〇〇さんは……」と話を振り、なにごともなかったかのように「聴きポジ」に戻りましょう。

「聴きポジ」に徹するのは、意外とむずかしい。

だからこそ、**聴く力を身につければ、ほかの人とはひと味違うコミュニケーションが取れる**と言えるのかもしれません。

同意も理解もしなくていい

誰かと話していると、ときに自分とはまったく違う考えに出会うこともあります。ともすれば議論になってしまうようなテーマもあるでしょう。そんなとき、「聴きポジ」はどうすればいいのでしょうか？

答えは、「争わないし、受け入れない。でも、受け止める」です。

ひとたび「相手の考えを変えてやろう」という考えが頭に浮かぶと、上手に聴くことができません。反論の機会をうかがい、相手の論の矛盾を突き……と、戦闘モードになってしまう。

そんなときは、心の中でこう唱えましょう。

「あなたはそう思うんですね」。

それぞれ別の考え方を持っているという事実だけを受け止め、「どっちが正しい」という判断をしないことが大切です。正しいも正しくないもないのです。

そして、相手の話を「受け止め」つつも、すべてを「受け入れる」必要はありません。そうでないと、「聴きポジ」につくなかで自分の軸が揺らいでしまいますから。

私は、だれかにいただいたお話は、どんな内容であれ**すべて自分の「内なる引き出し」にしまっていくようなイメージ**を持っています。自身と相反する考え方の人がいても、「ひとつの考え方をいただきました」と引き出しにしまっていく。

争わないし、受け入れない。でも、受け止める。

このスタンスでいれば、自分の軸を守りつつ、たくさんの価値観をインプットしていけるはずです。

会話は盛り上がらなくていい

会話は、盛り上がらなくて構いません。

もちろん始終お通夜のような雰囲気はさすがにつらいものですが、盛り上がりは「そこそこ」で充分です。とっておきのネタや驚き、爆笑がなくても、まったく問題ありません。

淡々と、和やかに気持ちよく過ごせれば、百点満点。そしてその「気持ちよさ」は「聴きポジ」に託されているのです。

たとえば美容院で、次のような会話を経験したことはないでしょうか。

美容師「今日、3月にしてはずいぶんあったかいですね」
堀井「そうですよね。あ、しかもセーター着てらっしゃるから……」
美容師「そうなんです。朝晩は冷えるから、むずかしいですよね。昨日も帰り道、寒くて家までずっと走ってきました。」

こうした「お天気雑談」は、「定型文」として否定的な意見を耳にすることが少なくありません。「適当に話しかけないでほしい」とか「話す意味がない」とか。

でも、そういうふうに斜に構えるのは、もったいないと思います。

大切なのは、相手や会話を評価せず、素直な気持ちで接することです。

2人の関係を育むために、必ずしも意味のある会話をしなければならないわけではありません。記憶に残るような会話ができなくても、「なんだかいい人だったな」「楽しかったな」で充分。

今このとき、同じ時間を共有している仲間であることを確認できればいいのです。

ときどき、会うたびにとっておきのネタを持ってくる人、いつも飲み会の中心になる人はいます。その話術がうらやましくなるかもしれませんが、彼らは「レアキャラ」。おもしろいしありがたい存在ではあるけれど、目指す必要はありません。

私自身、おもしろい話は一切できない人間だと自覚していますが、「聴きポジ」につき、周りと円滑に「うまくやって」こられました。「お天気雑談」も、しょっちゅうします。それで損をしたことはありません。

いい空気の会話をつくるプロになる、という戦略もあるのです。

こうした場をあたためるやりとりでは、「聴きポジ」の観察やレシーブ力がものを言います。先の例では、「聴きポジ」である堀井が「セーターを着ている」という相手の情報をキャッチし、投げ返しているのがわかるでしょうか。そのボールを受け、話し手が会話をふくらませていくというわけです。

P26でお話ししたとおり、**「聴きポジ」は会話の方向を決めてボールを返す役割を担っている**のです。

そしてこれはやや余談ですが、「聴きポジ」が板についてくると、場が盛り上がらないときに焦らなくなります。「自分がなんとかしなきゃ」と、余計なこと（そして無理なこと）を考えなくなるからです。身勝手な言い方ですが、無責任になれるんですね。

そして責任を負っていないと肩の力が抜けてリラックスできますから、「そういえば、この前の出張どうでした？」など自分が気になる質問をさらりと振れたりします。がんばって絞り出した質問ではなく、心から聴いてみたいことが。

場を取り繕う必要はありません。それは「聴きポジ」の仕事ではありませんし、かえって場はしらけてしまうことが多いです。

場を素直に楽しみつつ、周りから「盛り上げ」を期待されない人。そんなポジションを虎視眈々と狙いましょう。

「聴きポジ」は多様性のある場をつくる

以前、『LISTEN』（ケイト・マーフィ著、松丸さとみ訳／日経BP）を監訳された篠田真貴子さんを番組ゲストに迎え、「聴くこと」についていろいろと深いお話を伺いました（ポッドキャスト番組「ウェンズデイ・ホリデイ」エピソード9）。

『LISTEN』はぶあつい翻訳書なのに、なんと8・5万部を突破しているそうです。それだけ「聴くこと」に対する世間の関心が増しているわけですね。

では、なぜいま「聴くこと」がここまで注目されているのでしょうか？

「話すこと＝自分の意見を伝えること」より「聴くこと＝相手の考えを受けとること」に重きが置かれているとしたら……それは、**「多様性の時代だから」**だと私は考えています。

人種や国籍、ジェンダーや価値観など、一人ひとりが持つさまざまな違いを認めよう、それぞれの個性を尊重しながら共存しようという意識が社会全体に広がっています。お互いの違いを認め合う社会をつくろう、ということですね。

そして、**たくさんの人がみんなで共存する社会をつくるためには、「聴く」が欠かせない**のです。

たとえば、ある事柄に対して、自分はAという意見を持っているとします。でも、隣にいる人は、Bだと考えている。

ここでもし「あなたは間違っています」と自分の考えを押しつけてしまったら、そこには争いが生まれますよね（そういうコミュニケーションを取る人を、ＳＮＳなどで見たことがあるかもしれません）。

あるいは、「この人が言っていることはよくわからないな」とシャッターを下ろしてしまうと、断絶が生まれてしまいます。

でも、あなたも隣にいる人も、「まずは相手の話をしっかり聴こう」と「聴きポジ」についたらどうでしょうか？

どうしてそう考えるのか。どんな理由があるのか。

相手の思考をゆっくり、ていねいにすくいあげていくと、相手のことを深く知ることができます。お互いにそんなスタンスを取れば、隣の人と争いではなく理解でつながることができるはずです。

大切なのは、「どうしてそう思うのか聴かせてください」というフラットなスタンス。

そこを聴ききったあとに、「どうすれば歩み寄れるか」や「自分の意見を聴いてもらえるか」を考えましょう。

ジャッジしないまま聴ききる姿勢こそが、多様性の時代には不可欠です。

逆に、**「聴きポジ」不在のまま多様性は実現できない**と言えるのかもしれません。

もちろん、お互いの話を受け止め合った結果、相容れないこともあります。それでも「違う人間なんだから仕方ないよね」と受け入れ、それ以上は干渉しないのも多様性の時代ではとても大切なこと。

「なにはともあれ、まずは知ろう」という気持ちで、目の前の相手の言葉を受け止めてほしいと思います。

チームでは、「均等に話して均等に聴く」

さまざまな立場や年齢、価値観の人が集まるあらゆる場において、「聴く」は大きな力を発揮してくれます。

たとえば、仕事。おそるおそるアイデアを言ったら一蹴されたり、自信たっぷりに提案したけれど流されて終わったり……。そんなふうに周りの人が「聴く耳」を持っていなかったら心が折れてしまいますよね。その後、何かアイデアを思いついても「どうせ聴いてもらえないし」とあきらめてしまうようになるでしょう。

逆に、「それで、それで？」「なるほど」「うんうん」しっかり受け止めてもらえたら、また意見を言おうと思えます。もしそのアイデアが最終的に却下になったとしても、相手に対する印象はずいぶん違うものになります。

最近、耳にすることが増えてきた心理的安全性（自分の考えなどを拒絶されることなく安心して発言できる）のある場を作るために必要なことは、**チーム内で「均等に話して、均等に聴く」という意識と環境です。**

部長でも平社員でも、正社員でも契約社員でも、ベテランでも新人でも。みんなが同じだけ発言し、同じだけ聴き、発言に同じだけの重みを持たせるのです。ふだんは「聴きポジ」に徹している人も、ときどきはポジションをゆずる時間を作りましょう。

この「均等」の大切さを実感したのは、久米宏さんとラジオをご一緒するようになったときです。

久米さんはかっちりとした会議よりも、雑談を好まれていました。収録後にスタジオに残って、私のような演者もＡＤ（アシスタントディレクター）もみんなで同じように座る。そして、お菓子を食べながらおしゃべりするんです。久米さんといえばもうレジェンドのような方ですが、みんなで久米さんの話を拝聴するのではなく、同じ「高さ」で雑談する。ＡＤのアイデアに「いいね！」となったり、久米さんのアイデアに放送作家さんが乗っかったり。

そうして「均等に話して、均等に聴く」ことで、チームの関係が深まっていった。それによって、次々にいい企画が生まれていったのです。

チーム全体が「聴く」ことに意識を振り向けることで、仕事の質は必ず上がります。実際、チームワークをよくすることで職場の生産性が上がる、という研究もあるようです。

そしてこの「均等に」の意識は、仕事のチームだけでなく家庭や学校、サークルなど、あらゆる人があつまるすべての場において必要なものです。特定の人だけでなくそのコミュニティに属しているなるべく多くの人の話を聴き、みんなで受け止めることで、場に安心感が育ちます。きっと、いい意見やアイデアが生まれていくことでしょう。

声の大きい人が評価される時代から、耳の大きい人が評価される時代へ。

世の中全体が、そんなふうに変化していくのではないでしょうか。

第2章 相手を思い、深い対話を生む「聴く」力

お説教を聴く。校長先生の話を聴く。お客様のクレームを聴く。「聴く」という言葉には、どこか我慢がセットになっているような印象があります。

また、「人間は自分のことを話しているときに大きな満足感を得る生き物である」とも言われています。聴き手というのはその本能の受け皿やはけ口となっている存在だ、という意識もあるのかもしれません。

しかし「聴きポジ」はそんな受け身な存在ではありません。

能動的に、しかも技術を持って、なにより心から楽しんで相手の話を「聴く」。話を展開し、情報をもらい、相手に楽しんでもらう。それが「聴きポジ」です。

では、どうすれば主体的に「聴く」を実践できるのでしょうか。本章では「堀井流」の聴く技術について、お話ししていきましょう。

ふつうと／自分と「違うところ」を探す

「聴きポジ」が会話のきっかけをつくらなくてはならないときは、質問からスタートするとスムーズです。このとき、**「ふつうと違うところ」を見つけるといいでしょう。**

ビジネスパーソンをゲストに迎えるトーク番組では、おもしろい番組にするために、どこにオリジナリティやユニークな部分があるかをまず探します。

つまり「同じ属性のほかの人たちとどう違うのか」を探っていくと、その人ならではの魅力的な話を伺えることが多いのです。

たとえば「僧侶で起業家でもある」とか「落語家で、アメリカの超難関大学を卒業してもいる」といった方々。「ふつうの僧侶」「ふつうの落語家」との違いにおもしろさが詰まっていますから、そこをとっかかりに深掘りしていきます。

もちろん、ほとんどの場合、みなさんが接する人は「一般の人」だと思います。イエール大学を卒業した落語家と話すことなどほとんどありませんよね。

でも、どこかに「ふつうと違うところ」がないか探してみると、これが意外と見つかるものです。この「ふつう」は**一般論でもいいし、「自分がイメージするふつう」でも構いません。**

「新卒採用が多い会社と聞きましたが、中途で入るのはかなり難しそうですよね。〇〇さん、すごいですね。どうして入社を決められたんですか？」

「みなさん、夕方6時には退社されるんですね。この業種は激務のイメージがありますが、御社はなぜそんな働き方ができるのですか？」

おもしろい話が伺えそうではないでしょうか？　「ちょっとした違い」は、すばらしい会話の種になるのです。

また、**「自分との違い」**も会話のとっかかりになります。

「わあ、すごい大荷物！（私は基本、小さなハンドバッグひとつだけです）いったい何が入っているんですか？」

「ご夫婦とも、育休を1年間取得されたんですね！（我が家は夫は未取得。20年前ですから……）ずっと二人で育児するって、どうでしたか？」

雑談のノウハウで「相手との共通点を探そう」とよく言われますが、個人的には、**共通点を探すよりも違いを探したほうがおもしろい会話になる**と感じます。新しい情報をいただけることが多いからです。

それに、共通点より確実に見つかるのが「違い」ですから、いざ雑談の場で困ることが少ないと思います。たまたま同郷だったら盛り上がりますが、それは奇跡のようなもの。私たちはみんな、似ているようでたくさんの違いを抱えて生きていますから、違いを楽しむ目を持つほうがいいのではないかと思うのです。

「ふつう」や自分との違いは、情報の宝庫です。

「そんなことあるんだ」「考えもしなかった」が詰まっている。ぜひ、意識して掘ってみてください。

キーワードから掘る

前章で述べたように、「聴きポジ」は会話を盛り上げようと気負わなくて構いません。

ただし、ぼーっと耳を寄せればいいというわけではありません。より楽しい会話、深い会話をしていい関係を育むためには、「質問」が欠かせない武器になります。

相手を知ろうとする働きかけひとつで、会話はぐっとおもしろくなるのです。

質問には、コツがあります。それが「キーワードから掘る」こと。

相手の話に含まれるキーワードをフックに情報を深めていく。そのキーワードにまつわる話の濃度を高くしていくわけです。

P44の美容室でのやりとりを例に取りましょう。

美容師「今日、3月にしてはずいぶんあったかいですね」

私はそこで「そうですよね。あ、しかもセーター着てらっしゃるから……」と返しましたが、みなさんならどうおしゃべりしていくでしょうか?

こういうときは、キーワードを探して注目してみましょう。

このシーンでは、美容師さんがはじめに口に出した「あたたかい」がキーワードとなります。この言葉を起点に質問することで、じわじわと会話があたたまっていきます。

例文の私の返しも、キーワードをもとにしているのがわかるでしょうか。問いや相づちによって、会話を転がしていくんですね。

ここからどんな方向に会話を転がしていくか、展開例をいくつか考えてみました。

「あったかい」展開例
- 暑がりなのかな？　もしかして、出身地はもっと涼しいところかな？
- 衣替えはする派かな？　美容院って基本室内だけど、服装はどう決めてるんだろう？
- 今年の花粉は多いってニュースで見たけど、花粉症は平気な人かな？
- 季節によって、よく受けるヘアスタイルのオーダーは変わるのかな？

「あったかい」ひとつから、これだけの会話の種が生まれます。ここからどんな会話が生まれるかは、「聴きポジ」の視点によってまったく違うでしょう。

つまり、聴き手の人生や個性が会話に反映されていくわけです。

キーワードの存在しない会話は、ほぼありません。ほんの短いやりとりでも、掘っていけるポイントはたくさんあります。そのキーワードを逃さず、深く深く掘っていけば、どんな会話であってもちょっとした「情報」を仕入れることができます。

その情報は、「ものすごいお宝」ではないかもしれません。でも、質問によって会話を紡いでいくことで、相手のことをより深く知ることができます。

それに、相手のキーワードを元に話を展開することで「あなたに興味があります」という意思表示になりますから、相手もポジティブな気持ちになってくれます。

その心地よさは、結果的にあなたへの好意につながっていくはず。信頼関係は、こうした質問からも育めるのです。

使いこなしたい3つの「相づち」

よい聴き手になるうえで欠かせないスキルが、「相づち」です。

相づちというと、「うんうん」といった頷きや、「へえ」といった「音」を発することと思っている方も多いかもしれません。もちろんそれも相づちのひとつですが、それだけではないのです。相づちは、奥が深い。

少し、私の失敗談をさせてください。

以前、永六輔さんのラジオでアシスタントを務めていたときのことです。

25歳での出産を経て、仕事復帰した20代後半。バラエティだけでなくさまざまな仕事をこなせるようになりたいと、とても気合いが入っていた時期でした。

永さんとのラジオでも、永さんについてはもちろん、取り上げられるテーマを事前にとことんリサーチしてのぞんでいました。そして、永さんが発するすべての言葉に、すかさず相づちを打とうとしたのです。

「それは○○ですよね！」と合いの手を入れたり、「わかってる風」なリアクションを取ったり……「打てば響くアシスタント」を目指していました。相づちによって、仕事ができるアナウンサーに見られたかったんですね。自分勝手な話です。

しかしある日、リスナーの方から私宛にお手紙をいただいたんです。アナウンスセンターでその封を切ると、こんな言葉が書いてありました。

「お願いだから、堀井さんは黙ってください。私たちは、永さんの言葉を聴きたいんです」

ショックでもありましたが、「リスナーさんたちは永さんの話が聴きたい」という当たり前の事実にハッとしました。その手紙について永さんに相談すると、静かに頷いてこうおっしゃったのです。

「いま堀井さんが10回打っている相づちを1回にして、残りの9回分の時間は考えてください。そしてその1の相づちで、僕をどこかに連れていってください」

自分の相づちで、相手をどこかに連れていく――。

それはいまも意識していることで、私の「聴く技術」の中心にあるスタンスではないかと思います。

では、どうすれば「相づちで相手を連れていく」ことができるのでしょうか。相づちとは、いいクッションをはさみ、会話をふくらませたり誘ったりすることです。その観点から、私が考える「相づち」には、次の3つがあります。

1・共感する相づち
2・問う相づち
3・深める相づち

ひとつずつ見ていきましょう。

1・共感する相づち

一般的にイメージされている相づちだと考えてください。**「話を聴いていますよ」「おもしろいですよ」というメッセージ、肯定の意思を伝える言葉です。**どうぞそのまま話してください、ということですね。この共感の相づちによって、相手の話は深まっていくはずです。

例えば、

「うんうん」

「へえ〜」

「わかるわかる」

「それでそれで？」
「おもしろい／すごい」
「はーっ／なるほど！」
「ほんと、そうですよねえ」

……など書き切れませんが、すべてに通ずるのは、「次の言葉を待っていますよ」というニュアンスです。

特に私が使うのは「それすごく、わかります！」「いいことおっしゃいますね！」など相手を肯定する言葉です。相手が勢いをつけて快走できるよう、道を整えるイメージですね。

また、**言葉にしない頷き、表情による同調**なども、ここに含まれます。

たとえばラジオの収録時、アナウンサーが相手の言葉すべてに声を出して相づちを打っているとうるさくなってしまいます。リスナーにはわからないよう、でも目の前にいるホストやゲストには「聴いていますよ」というメッセージが伝わるよう、表情や口、首の動きを総動員しています。

ぜひ鏡の前で、「驚いた顔」「楽しそうな顔」「意外そうな顔」「感心した顔」を作ってみてください。表情でウソをつく必要はありませんが、自分の気持ちを伝えるツールになるはずです。

2・問う相づち

相手が言ったことに対して疑問を投げかけ、話を深めたり広げるための言葉です。

「いつ／どこで／何を／だれと／どのように」で話を具体的にしていく

初級編と言えるでしょうか。英語で習った、5W1Hの「WHY」以外です。この問いを駆使すれば、無限にお話をいただくことができるでしょう。前項の「キーワードから掘る」も参考にしてください。
たとえば「キャンプに行った」という話題が出たとき、問い（質問）によって次のように情報を引き出していくことができます。

「先週末、ひさびさにキャンプに行ったんだよね」
←
「どこに？」「どうやって？」「だれと？」「道具って揃えてるの？」「キャンプの難易度って天気に左右されるけどどうだった？」「キャンプ料理っておいしいよね。何作ったの？」
←
「山梨県の湖畔で／車で／前職の友人家族（子連れ）と／キャンプ道具はレンタルで／曇天で肌寒くて／料理は家で仕込んでいって……」

さらに、これらのキーワード（「キャンプ道具」「料理」など）を深掘りしていくこともできますね。

文字にするとたたみかけているように見えるかもしれませんが、実際のやりとりになると「へ～」や「そうなんだ」といった相づちがクッションとして入りますし、たとえば天気なら天気に関する話題がしばらく展開されたりもするので、気にしなくて大丈夫です。

はじめのうちは、**相手の話を映像としてイメージできるくらいまで問いを重ねること**を意識するといいでしょう。

知り合いのライターさんも言っていたことで、記事にするときに足りない要素がないかどうかは、話を聴きながら頭の中で映像化して確認するのだそう。私もラジオのインタビューなどではその手法を無意識に使っていたので、思わず「わかる！」と共感してしまいました。

「なぜそれをしたのか／なぜそう考えたのか」と、理由を聞いていく

「WHY」の質問です。なぜ前項と別にするかというと、目的が違うからです。

前項は、話のディテール（細部）を知るための質問。一方、「WHY」は**相手の動機を知るための問いです。**ここを深掘りしていくことで、より相手の人間性を知ることができます。

たとえば転職したことのない人にとって、10回転職している人が「なぜそんな選択ができたのか」は大きな謎です。教えてもらえたら、新たなキャリア観や人生観が得られるでしょう。

斬新な企画を立てた人に「なぜそれを思いついたのか」と問うてみれば、その頭の中が覗けるかもしれません。もしかしたら相手の生い立ちに話が及び、壮大な一代記を伺えるかもしれません。

「WHY」の問いは、自分と違う価値観に触れる学びのビッグチャンスなのです。

「ということは、〇〇だったんですか？」と、仮説をぶつける

中級テクニックです。YESの場合、「自分の話をわかってくれる人」という印象を持たれますし、NOの場合でも答えあわせで相手のことを深く知ることができる、心強い相づちです。また、相手の話に強い興味を持っているという意思表示にもなります。

もし、仮説が大きく外れて見当外れなことを言ってしまっても、大丈夫。理解度の低さが露呈してしまうのでは……などと恐れることはありません。意外と本質に迫っていてよろこばれたり場が和んだり、あるいはうんとやさしく説明してもらえたりと結果オーライのことが多く、「しまった!」ということは案外ありません。

私自身、インタビュー中に「ということは、〇〇ですか?」とまとめて、「うーん、それはちょっと違って」とか「いや、△△なんです」などと返されることがよくあります。でも、わからないままうやむやにしたくない、ちゃんと理解したいという気持ちは相手に伝わるもの。仮説をぶつけることで、より深い会話が生まれるのです。

3・深める相づち

最後に「深める相づち」です。この相づちを使いこなせれば、会話がぐっと深みを増します。相手の思いがけない言葉を引き出したり、相手も気づいていないような本質に迫れたり。「聴きポジ」によって会話の質が大きく変わる（＝相づちでどこかに連れていく）というのはこの深める相づちによるものと言っていいかもしれません。

では実際、「深める相づち」によってどれだけ会話が発展するか。例を挙げたいと思います。

素材は、ジェーン・スーさん、桜林直子さん（サクちゃん）のポッドキャスト番組「となりの雑談」エピソード2。ここでの「話し手」サクちゃんのトークに対する「聴きポジ」スーさんの相づちがとてもすばらしかったのでご紹介します。

コロナ禍直前にサクちゃんがはじめた「雑談事業」について話が及んだときのことです。

サクちゃん「ちょうど丸3年だから、最初の1回だけ対面でカフェでお話しして、その後からずっとZoom（ズーム）」

スー「で、もうすぐ延べ1000人？」

サクちゃん「そうねえ」

スー「あなたは、はじめるとなかなか続く人ね」

サクちゃん「ははは。……はじめるときに、続けることがしたいって思ってて。私の中で、はじめることよりも継続することがかっこいいっていうのがあって。仕事を考えるときに――」

スーさんのひと言から、サクちゃんの「何がかっこいいと思うか」という価値観に関するトークに話が広がったのがわかるでしょうか。

普通ならここで、「1000人!?　そんなにたくさんの人と雑談したんですか？」と、わかりやすい「数」に注目してしまうでしょう。

しかしスーさんは「1000人も続けられる人」という人間性に注目したのです。

その結果、「これまでのキャリアを辿る」という既定路線から、価値観という脇道（けれどもっとおもしろい話）に転がっていった。**スーさんの相づちがあったからこそ、「続ける美学」というテーマが浮かび上がってきたのです。**比べると格段に、厚みや深みがある相づちになっています。

おそらく、それに対するサクちゃんの答えは、スーさんやポッドキャストのリスナーだけでなく、本人にとっても気づきのあるものになっているのではないでしょうか。

これはまさに、「聴きポジ」が会話の方向性も深さも変えた例ですね。

「いい相づちってこういうことか」とハッとするやりとりだと思いますので、ぜひ音声でも聴いていただければと思います。

観察すべきは相手の○○

よりよい聴き手になるためには、観察が欠かせません。では何を観察するか。

相手がほんとうは何を言いたいかということを探すのです。

彼／彼女がいまいちばんしゃべりたいことを見つけ、そこを突く。なぜなら、その人がもっとも話したいことの中に、その人のもっともおもしろい話があるのですから。

その代表が、「自慢話」です。

なぜかといえば、だれもが経験しているようなことを自慢したいと考える人は少ないから。つまり、**自慢話には稀少な、おもしろい情報が含まれているのです。**「聴きポジ」が板につくと、自慢話も心から楽しんで聴けるようになりますよ。

一方で、自慢話というのは往々にして、(よっぽど自信がある方でなければ)堂々とはしづらいもの。相手も遠慮したり恥じらったり空気を読んだりして、遠くから届くか届かないかくらいのボールを投げてくることも多いです。

そんなときは、「ぜひぜひ! ウェルカムです!」の気持ちを込めて「話したい」のダムを壊し、話の川をつくっていきましょう。

たとえば、なにかにつけ「いまの若い人はバブルを知らなくてかわいそう」という上司がいたとします。多くの人は、「かわいそうって言われてもどうしようもないし」と困惑してしまうかもしれませんね。

でも、おそらくその話題を何度か口に出すということは、これが相手にとって大きなトピックということ。ほんとうは「かわいそう」ということを言いたいのではなく、自分の経験を語りたいんだな、でも自分から「バブルのころは~」と言えないんだな、と観察できます。そうしたら、そこに乗ってみるのです。

「バブル！　〇〇さんはバブルご経験者なんですね？」と質問したり、「その時代のこと、想像できないんですよねえ」と打ち返してみたりする。すると知られざる、バブルの輝かしい日々を教えていただけるのです。

それは自分にとっても、新しい情報。話したい相手と知りたい自分、お互いにいい時間を過ごせたと言えるでしょう。

誤解しないでいただきたいのですが、これは太鼓持ちになれという話ではありません。**自分の人生で知り得ることのないおもしろい話があると踏んだら、自慢話に乗ってみて損はない**ということです。

「この人が伝えたいことはなんだろう？」「どこに注目してほしいのだろう？」と考え、「この話題かな」と思ったらそのポイントを押してみる。

相手が少しでも話したそうな素振りを見せたら、掘る。

その人の人生で輝いているトピックをお裾分けしていただこうと考えると、聴きたいこともどんどんあふれてくるはずです。

「あの雑誌は俺が作った」でも、「息子が東大医学部に進学した」でも、「営業成績が一位だった」でも、「業界では名の知れた大きな賞を獲った」でも。
どんな自慢にも、自分は経験できなかったエピソードが詰まっているのですから。

ちなみに、**相手が「話したい」という言外のメッセージを発するタイプではないときも、自慢話を「探す」のはひとつの手。**相手の尊敬できるところを見つけたり実績などを探したりして、それについて聴いてみる。嫌がられなかったら、存分に教えていただく。「聴きポジ」を極めるうえで、ときにはそんな積極的なアクションを取ってみてもいいかもしれません。

相手によって自分のポジションを切り替える

「聴きポジ」についた人は、自分らしさや我を通そうとしてはいけません。相手に合わせ、相手が心地よく過ごすことを第一に考えるのです。1章でもお話ししたとおり、なにせ、「教えていただく」立場なのですから。

自分の経験を振り返ってみても、親しい友人以外に「話しやすい人」がいると思います。楽しくなって、ついいろいろ話してしまう人。「聴きポジ」を取る人は、相手にとってそういう心地いい存在になることを意識するのです。

では、目の前の人の「心地いい」はどうすればわかるのか。

まずは、**相手の「話し手としての個性」を見極める**ことから始めましょう。

いま、みなさんに聴いていただける私の番組に、先ほども挙げた「ウェンズデイ・ホリデイ」というポッドキャスト番組があります。

さまざまなゲストをお呼びして、「心地よさってなんだろう？」をテーマにホストである堀井と働き方や組織のあり方、生き方についてなどさまざまな切り口でおしゃべりする……という番組です。

この番組では基本的に、私はインタビュアーとしてではなく「ゲストと一緒にお話しする」という立場を取っています。もちろんどなたの前でも「聴きポジ」は崩しませんが、その中で、相手によって「聴き方」やポジションをかなり変えているのです。

たとえば、現代仏教僧の松本紹圭さん（エピソード19、20）は圧倒的な言葉の力がある方でした。また、もともと仏の教えを伝える役目を持った方ですから、お話をしていても、穏やかな法話を聞いているような感覚になります。

松本さんの心地よい説明をリスナーの方に聴いていただきたくて、同じことを確認したり、説明を求めたりする質問を重ねました。

たとえば、「中道のバランス」という言葉があります。この「中道」とは何か、人生、宇宙、一休さんに至るまで、中道がどう存在しているかを聴くことで、さまざまな例をまじえて多様な観点から優しく噛み砕いた解釈を教えてくださいました。**「深める問い」を中心に「聴きポジ」を取ったわけですね。**

ジャンプ＋編集部の林士平さん（エピソード24、25）は情報の処理能力の速さが尋常ではありませんでした。考えながら話すというより、瞬時に結論を描き、論理的に一気に話し切るというタイプ。ですから、どんどん話が展開していくような質問をこちらも矢継ぎ早に投げかけました。

こちらは**「拡げる問い」**ですね。もしスピードを落としてひとつの話題をひたすら掘るような聴き方をしていたら、林さんにとってもストレスを感じる時間になったかもしれません。

前述の『LISTEN』の監訳者でもある篠田真貴子さん（エピソード9、10）とは、年齢も近く、場所は違えど二人とも働く母という時間を過ごしてきたことがわかり、話してすぐに共通感覚を持ちました。会話がスイングするようなラリーが成立するなと思ったのと、篠田さんの質問や同調といった反応から親しみを感じたので、完全な聴き手（インタビュアー）よりも自分の話す量を増やしました。もっとも「会話」に近かったと思います。

このように、さまざまな個性の人に対し、できるだけ相手が得意とする、心地よい話し方で収録を進めていければと考えています。

話し手としての個性は、まずは**相手の得意とする話し方やペース、リードしたい性格かどうか**などを観察するといいと思います。厳密に「分析する」というより、「ゆったり話す人だな」「ユーモラスで場を和ませたいタイプだな」くらいの感覚でOK。その分析に対応して、「そうですねえ」と相づちのスピードを落としたり、いつもより2倍笑ったりします。

こうした観察と対応は、自分が好かれるための「八方美人」ではありません。考えるのは、あくまで相手の心地よさ。相手の奏でるギターに合わせてピアノを弾くことを「八方美人」とは言わないのと同じですね。

自分のコミュニケーションスタイルに固執せず、「自分から合わせにいく」ことを意識しましょう。

身体全体で聴く

私は昔から、「堀井さんはまっすぐに目を見てくる」「話を聴くとき体を逸らさない」と言われてきました。はじめは無意識だったのですが、後にこれが「話を聴いていること」の合図になっていることに気づきました。

会話は言葉で交わされるものですが、コミュニケーションは身体全体で行うものです。私たちは、声と言葉だけで会話しているのではありません。

身体の向きやかたむき、手の動き、表情――さまざまな要素が組み合わされて、「聴く姿勢」はつくられているのです。

たとえばバラエティ番組の芸人さんたちは、笑いどころになるとみなさん立ち上がったり、手を叩いたり、机を叩いたりしますよね。だれが見ても「おもしろがっていること」が伝わる、感情表現をしているわけです。

芸人でなくても、「おもしろ」に限らずとも、同じです。**「聴きポジ」たるもの、身体全体で話を聴いていることを表現していきましょう。**

まず基本となるのが、やはり前述の「目」、そして身体の向きです。聴き上手な人は、目を見つめ、**身体ごとしっかりと話し手に向け、少し前のめりなくらいのポジションを取っています。**相手の声に耳だけ傾け、目や身体は「お休み」しているのは、相手にとって話しやすい環境ではありません。

想像してみてください。自分が話しかけたとき、テレビやスマホに目を向けられたままだと、いくら声は「うんうん」「へー!」と相づちを打っていても、さみしい気持ちになってしまいますよね。「さみしい=不快」です。相手にとって好ましくない存在になると心得ましょう。

また、身体ごと話し手に向けるのは、自分自身の聴く意識を高めることにもつながります。

たとえば4人がけの会議室でとなりの人が話していたら、真正面を向いたままではなく、お尻をずらして少しだけ相手のほうに身体を向けると、自然と「聴くモード」のスイッチが入ります。全員が少しずつ身体を内側にひねり、テーブルの真ん中におへそを向ければ「みんなで話し合っている感」も生まれるでしょう。

私は観客としてイベントに参加しているとき、質疑応答でほかのお客さんが挙手して発言すると、ついその人のほうに身体を向けてしまいます。このとき、目も身体も向けない方ばかりなことにいつも驚いてしまうのです。

無意識でも話し手に反応してしまうくらい、「身体全体で聴く」習慣を身につけていきましょう。

沈黙を埋めない

会話の中では、どうしても沈黙が落ちる場合があります。この「落ちる」という言葉のイメージどおり、多くの人はこの沈黙を悪いものとして捉えていることでしょう。

しかし、**沈黙はただの「空白」ではありません。**焦って埋めようとする必要はないのです。

まず、**沈黙とは相手の所有する時間であり、本質をついた言葉が生み出されるために必要なもの**です。

編集された映像を見るとあまり分かりませんが、私たちアナウンサーは、インタビューで沈黙を恐れません。スポーツ選手や俳優さんのインタビューをすると、沈黙が落ちることも多いです。でもその沈黙の間《ま》にも表情があり、その時間、思考が熟されていることがよくわかります。「その後に絞り出される言葉を待ちなさい」という鉄則もアナウンサーは教わりますが、沈黙の後に発せられた言葉には本質が宿るものです。その本質の言葉をいただくチャンスを逃してはいけないのは、職業インタビューも会話も同じです。

また、プライベートや仕事での関係でも、沈黙を恐れる必要はありません。「空白が落ちている」のではなく、**「沈黙の時間を共有している」**と考えましょう。

そもそもなぜ沈黙が訪れるかというと、積極的に話したい人がいないからです。ですから**「聴きポジ」としてはそのまま誰かが話し出すのを待てばいい**と思います。そして相手が（誰かが）話し始めたら、よしきたと「聴きポジ」活動をリスタートする。それが、「聴きポジ」の沈黙対処法です。もちろん、相手のことで知りたいトピックが浮かんだら「質問からスタート」します（Ｐ57）。けれど無理はしなくて構いません。

なにより、気まずい空気はじつは自分しか感じていなかった……という場合も多々あります。相手は沈黙が気にならない人だったり、「何も話さなくても心地いいな」と感じてくれているかもしれない、という可能性は頭に入れておくといいですね。

むしろ相手に自分が沈黙を気まずく思っていることが伝わると、それを意識させ、場の空気が焦りに支配されてしまいます。老夫婦や気心の知れた友人同士の、会話がなくても和やかに居られる空気感をイメージして、沈黙から意識を飛ばしましょう。

答えがわかっていても、あえて尋ねる

アナウンサーは視聴者や聴取者（ラジオを聴いてくださる方）に、人物や物事について説明をする役目を担うことがあります。ですから、自分が知っていても「これはどういう意味ですか？」「どうしてですか？」とあえて尋ね、説明していただくことがよくあります。

これは意外と、日常でも有効な方法です。まず、物事への認識は意外とズレているもので、**「知っているけれど」と思いつつ尋ねたら、思いがけない答えが返ってくることは多々ありますから。**

友人Aと話していて、友人BからAについてすでに聴いていたことを知らないフリしてAに尋ねてみたら、じつは話が違っていたということもあるでしょう。あるいは、相手も考え方をアップデートしていて、新しい考えを聴けるかもしれません。

そして、おおよそ合っていることに対しては**会話の展開が予想しやすい**のも、「聴きポジ」にとってのいいところです。

たとえば「今の前の部署ってどこでしたっけ?」といった問いは、ほぼ間違いなく予想通りの答えが返ってくることが見越せます。その答えに対して「そうでしたね。営業部の研修プログラムってどうでした?」と問いを返すなど、会話の展開をあらかじめ準備できるのです。

プライベートでも、たとえば「習い事の発表会、いつだっけ?」「来週!」「緊張してる?」「それがさあ……」といった会話につながるでしょう。

「あえて尋ねる」方法は、プロだけのものではありません。ぜひ活用してみてください。

「全体で盛り上がる」をゴールにする

複数人で話しているのに、だれかの独演会になってしまうこと、ありますよね。それはそれで楽しいものですが、問題は**「1人、ないし2人だけ盛り上がっていない状況」**。

グループで会話するとき、「聴きポジ」としてはこの「1人ないし2人」をつくらないように意識しましょう。だれがどれだけの量を話しているか、頭の中でなんとなくグラフを作ってみるとイメージしやすいかもしれません。

たとえばママ友複数人で話しているとき、明らかに発言の数が1人だけ少なかったとします。そんなときはまず、話についてこれないのか、興味がないのか、入る隙がないのかなど理由を考えます。

その観察の結果によって、「○○駅前の英語教室、先生が楽しい人らしいよ」といまみんなで話している内容をかいつまんで説明したり、「○○くんは何か習い事してる？」と話を振ったりします。

仕事関係者との飲み会でも同じです。なかなか発言していない人がいたら、「そういえば、○○さんもこういうプロジェクトやってませんでしたっけ？」と、その人が「話し手」になる時間をつくる。**「話し手タイム」がゼロの人がいないように意識するのです。**

なぜ、そこまでして全員に話を振るのでしょうか。

「話し手タイムゼロ撲滅」を意識すると、みんなが「参加者」になります。自然と場があたたまるし、会話は弾みます。それによって誰もが発言しやすくなり、いい意見が出るようにもなるでしょう。すべての人が満足して帰路につけるわけです。

意見を言っていない人や、ものを言いたそうな顔をしている人がいたら、話を振る。スルーされてしまった意見があったら、それを拾ったり、もう一度話を振り直したりする。

そんなふうに、**だれも置いていかないように目を配り、全員にとって心地いい場をつくるのが、「聴きポジ」の大切な役割**なのです。

会話でも会議でも、みんなに楽しんでもらったり満足してもらったりして、いい時間を過ごしてほしい。「自分なんていなくてもよかったな」とは思ってほしくない。

これはバラエティ番組などのアシスタントとして培った感覚かもしれませんが、汎用性の高いテクニックだと思います。

「みんなで少しずつ話し手になる」を意識することで、楽しく意義のある場にしていきましょう。

下調べは「次」まで予想する

「聴く」を仕事で活かす方に向けてのお話も、少しお話ししたいと思います。

とは言っても、インタビュアーなど「取材者」に限った話ではないはずです。営業などクライアントの要望を汲むような職種の方々も、ぜひお読みいただければと思います。

私たちの仕事において、インタビュー前の下調べは必須です。時間がある限り調べ尽くします。

その方自身について、話をするテーマなど「本筋」はもちろんのこと、**脱線した**

場合にも備えて周辺情報を調べておきましょう。調べることは無限にありますから、時間的に余裕を持って取りかかります。

たとえば、ある舞台のトークショーでのこと。

その舞台についてのエピソードトークをひととおり終えたあと、そのあと行われる福岡公演のお話になり、そこから福岡名物のうどんの話に展開していきました。それは、事前に舞台の内容だけでなく、次回以降開催が予定されている場所の情報も調べていたからこそ引き出せた話だったと思います。「福岡のうどんはコシがないらしいですね」「そうなんですよ、でもあの柔らかいのが最高で……」とトークを盛り上げることができました。

ときには時間がなくて前日に詰め込むこともありますが、手ぶらで向かったことは一度もありません。

とおり一遍からもうひとつ「次」に踏み込み、**「こんな展開になるかもしれない」とイメージをふくらませながら下調べを深めていきましょう。**

頭の中に適切な情報がないと、大切な話を聞き漏らしてしまったり、おもしろい話を深掘りできなかったりするだけでなく、**相手の触れてほしくないことに踏み込んでしまったりということにもなります。**

たとえば仕事の場で、クライアントと過去にトラブルがあった会社をうっかり褒めてしまったら、取り返しのつかないことになるかもしれません。そうして「不興」を買わないためにも業界新聞をチェックする、その企業の過去のニュースを「日経テレコン」で調べるなど、できる限り情報をたどりましょう。

また、はじめて会う方とお食事をするときは、フェイスブックなどのSNSをチェックして、どのようなキャリアでどのようなお仕事をしているのか、何に興味があるのかを調べることもあります。

「聴きポジ」としていい相づちを打つためにも、事前情報は欠かせません。**ビジネス会話の前にリサーチあり、なのです。**

「聴く」プロたちの「聴く」技術

ここまでは、私が「聴く」ために意識している技術を述べてきましたが、周りにいる「聴く」プロたちは、それぞれの「聴く」の方法を持っています。

たとえば前述のジェーン・スーさん（私とも「OVER THE SUN」というポッドキャスト番組でタッグを組んでいます）は、**「プラスオン」の聴き手。**受け取った相手の言葉を、スーさんならではの言葉に変換することで、相手に新たな気づきを与えます。

会話の中で、話し手のあいまいさに絶妙にフィットする言葉を与え、あざやかなグラデーションをつけていく。聴き手でありながら、相手の頭の中を整理し、その場の構築もしていく人です。

「久米宏　ラジオなんですけど」のアシスタントとして11年間ご一緒した久米宏さんの場合は、質問の歯切れのよさが見事です。思わぬ方向からの質問を矢継ぎ早に浴びせることで、相手が用意していない生のリアクションや回答を導きだします。**「聴く」というより、「訊く」の達人と言えるかもしれません。**

2023年に公開された「日の丸」という映画を観たときは、思わず久米さんのことを思い出しました。この映画は、寺山修司さんが監督された映画のリブート版（過去の映画を作り直したもの）ですが、道行く人に「あなたにとって日の丸とは？」「家族とは？」「日本とは？」と息する間も無くいきなり矢継ぎ早に質問をし、対象者が戸惑い慌てる様子や、とっさに口にする言葉を映像に残すというドキュメンタリー映画でした。

まさに久米さんも、こういうコミュニケーションを取るタイプ。その瞬間の、生の回答をいかに生み出せるかの質問を投げかけていらっしゃいました。

また、長らくラジオのパーソナリティを務め、たくさんのゲストのお相手をしてきた大沢悠里さんは、リスナーさんやゲストなどすべての人に、常にゆっくりと話しかけます。私も何度も、「語りのスピードを落としなさい」とのアドバイスをいただきました。

相手への質問も、最後の語尾までしっかり渡します。最後の言葉をごまかしたり、中途半端に投げたりしない。そうすることで、**相手に「十分に時間はあるから、思う存分話していいですよ」と伝えていた**のだと思います。

おそらくジェーン・スーさんも、久米宏さんも、大沢悠里さんも、相手によってスピードを変えたり、音の高低を変えたりすることはしていません。お三方の聴き方もそれぞれまったく違うし、本書でお伝えしてきたこととも、まったく違います。

でもそれは、「聴く」ことで得ようとしているものが異なるから。彼らは彼らの、

「聴きポジ」としての矜恃があるのです。

いったい自分はどんな「聴く」を身につけたいのだろうと考えながら、次章へとページを進めていただければと思います。

第3章

シチュエーション別「聴く」技術

この章では、2章で身につけてきた「聴く」テクニックからもう一歩踏み込み、さらに具体的なシチュエーションごとにどのように聴けばいいかをご紹介していきます。その中で、私が実際にどのように「聴く」を活用してきたかもお伝えできればと思います。

「聴きポジ」としてどのように振るまい、どのように会話し、どのようにさりげなく場を作っているか。

イメージしながら読み進めていただければと思います。

「守破離《しゅはり》」という言葉がありますが、まずは型にはまってみるのも、何かを身につけるときのひとつの手。

堀井流の「聴く」を身体に染みこませ、憑依させ、自然と再現できるようになったら、自分なりにアレンジしていただければと思います。

「エレベーターホールまで」は周辺にある物に頼る

初対面の相手と、先方オフィスの会議室からエレベーターまで並んで歩く。――こんなときに何を話していいか焦ってしまう、という声を耳にします。

このシチュエーションでの会話のポイントは、**自分から話題を提供し、それについて教えてもらうこと**です。軽い話題で構いません（むしろ複雑すぎると、中途半端なところでエレベーターホールに着いてしまいます）。

あくまで**相手に心地よく話してもらい、いい関係性を築く礎とすることがこの場のゴール**だと心得ましょう。

話題選びのコツは、**その人自身の話に踏み込まないことです。**

家族や恋人の話を避けるのは言わずもがな、よかれと思って褒めたことが、相手にとっては微妙な話題であることもあります。たとえば服のセンスや艶々《つやつや》の髪の毛が素敵だと思っても、見た目にかかわるものはセンシティブな問題であることもあります(同性ならいい、年が近ければいいというものでもありません)。

短い時間だからこそ、踏み込みすぎてしまうと、挽回もむずかしい場面になってしまいます。その人自身についてはあまり触れないほうが得策でしょう。では、何を話すか。

話題は、「相手の周辺情報」から選びます。

仕事であれば「このビル、新しいですね」「御社はずっとこのあたりにあるんですか?」。

プライベートであれば「駅前にできた、あのお店行きました?」など、相手サイドにある話題を投げかけていきましょう。

これは、ある日の私の、仕事での初対面トークです。

相手が気さくな人の場合

堀井「はじめてこちらに伺いましたけど、◯◯いい街ですね」（定型文）
相手「ありがとうございます」（同調）
堀井「途中でレトロなカレー屋さんを見かけて、帰りに寄ろうかなと思っているんですよ」（褒め）
相手「それはいいですね。どこのカレー屋さんだろう」（興味）
堀井「たしか奇抜な看板で……」↓場所の特定で盛り上がる（質問）
堀井「ランチは外が多いんですか？」↓ランチ話で盛り上がる（質問）

と質問まで持ち込めば、あとは会話が自然に成立していきます。

常にこのように自然に話が進めばいいのですが、むずかしいケースもあります。何を言ってもリアクションが鈍い人、会話をする気がない人はいるものです。そうした「話す気」のない相手の心をこじ開けるのは、「雑談」レベルではむずかしいもの。また、**沈黙を求める相手には沈黙を返すのが、「聴きポジ」のスタンスとして相応しい**と思います。

ですから次のようなやりとりは、盛り上がりに欠けてはいますが決して「失敗」ではありません。私も、打ち合わせ後にこうした時間を過ごすことがときどきあります。でも、そこから関係が悪くなったということはないので安心してください。

いくつかボールを投げて相手が返してくれる気配がなければ、それ以上じたばたしないこと。ムッとすることなく、**きっちりと「締め」に辿り着くこと**を意識しましょう。

相手が会話に興味がない人の場合

堀井「はじめてこちらに伺いましたけど、○○っていい街ですね」（定型文）
相手「そうですか、なにもないとこですよ」（無反応）
堀井「いや、相当魅力的ですよ……。途中でレトロなカレー屋さんを見かけ

て、帰りに寄ろうかなと思っているんですよ」（だめ押しの賭け）
相手「どこの店だろう、あまり詳しくなくて」（拒否）
堀井「わかります。私も正直、自分の会社の周りのお店わからないですからね（笑）」（諦め）
堀井「あ、昨日は資料のメール、助かりました。ありがとうございました」
（本題で関係性修復。ありがとうございましたと締めるコメント）
2人「……」（沈黙）

同じ定型文を導入にしても、相手の反応次第では会話を続けようとせずに早々に切り上げることが得策です。無理に質問して雑談を広げず、最後に「ありがとうございます」と言葉を置けば、あとは沈黙のままでも気まずくなりません。

初対面でのトークは、これくらいでいいのです。はじめから胸襟を開いてもらう必要も、深い会話を交わす必要もありません。

ただ、深くなくていいけれど、不快ではいけないのが会話です。

ちょうどいい距離感で、ちょうどいい心地よさを抱いてもらえることが、このシーンでの正解ではないでしょうか。

「わかってるな」と思ってほしいときは「名詞」をうまく使う

基本的に、コミュニケーションでは自分を大きく見せたり立派に見せたりしないほうがいいものです。背伸びは見透かされてしまいますし、かえって不信感を抱かせてしまいます。

けれどときに、相手に「この人になら多少踏み込んだことも話せる」と安心してもらえる存在になる必要もあります。**知ったかぶりをしたり見栄を張ったりするのではなく、目線を合わせることで話やすい聴き手になる**——どうすればそんな「聴きポジ」になれるのか、ぜひ久米宏さんのテクニックをご紹介させてください。

どれだけ自覚的にされていたのかはわからないのですが、久米さんのゲストへのインタビューの仕方は魔法のようでした。学者や研究者、その道の第一人者など一線で活躍される方々が、嬉々としてどんどん話してくださるのです。

その秘密は、「名詞の使い方」にあります。

まず、その道のプロは、ご自分が「詳しすぎる人」であることを自覚されています。ですから逆に、なるべくやさしい言葉でわかりやすく話そうとしてくださることが多い。

でも久米さんは、「踏み込んだ話をしてください」と言わずに、ゲストを「ノらせて」核となる部分を引き出してしまいます。いったいどうするのか。

専門用語や業界用語などを質問に巧みに紛れ込ませて、「あなたと同じレベルの知識を持ち合わせていますよ」と暗に知らせるのです。すると無意識のうちに話し手は一段上のギアに入り、より踏み込んだ話をしてくださる。そういう瞬間を、何度も見てきました。

たとえば私は独立前後に本を2冊書いたのですが、そこで「取次《とりつぎ》」という存在を初めて知りました。出版業界の言葉で、出版社と書店さんの間にある、卸のような役割を担っている存在です。

その業界にいないとなかなか耳にしない専門用語。出版業界の方にインタビューをするとき、久米さんはこうした言葉を織り交ぜていくのです。「出版不況において、取次との関係はどのように変化すると思いますか」といったように。

つまり、**「こいつわかってるな」と思われるためには、実際にある程度「わかっている」必要がある。**事前のインプットが前提となる。「聴きポジ」には勉強が不可欠ということですね。

好かれてない相手には、いつも以上に「聴きポジ」に徹する

コミュニケーションを取る相手と自分の気持ちをざっくり分けると、次の4つに表せます。

1・相手は自分が好き
2・相手は自分が苦手
3・自分は相手が苦手
4・自分は相手を好き

まず、1の場合はありがたくその時間を楽しみましょう。ただし、調子に乗って**過度に慣れ慣れしくしたり変なツッコミを入れたりと、失礼をはたらかないように。**

また、2や3のように自分が苦手だと感じたり、相手に好かれていないと感じるときは、無理に距離を縮めようとする必要はありません。離れるのが鉄則です。しかし、仕事でチームを組んでいる場合、ご近所付き合いなどの場合だとそうもいきません。そんなときは、どうすればいいのでしょうか。

フリージャーナリストの稲垣えみ子さんと対談させてもらったときに教えていただいたことがあります。稲垣さんは**当たりの強い人、不躾《ぶしつけ》な人にほど、ていねいに接する**とおっしゃられていました。メールでも、リアルのコミュニケーションでも、相手に合わせて無礼になったりしない。

まったくもって、私も同じです。自分がないがしろにされても、相手のことが苦手でも、ほかの人と同じように、いえ、それ以上に徹底して「聴きポジ」に回ります。

相手の話したいことを探り、相手が気持ちよく話してくださるよう、相づちもボディランゲージもしっかり入れます。

なぜならそこで、ネガティブな感情や反応を重ねても、相手も自分も不快になるだけだからです。「深くなくていいけれど、不快ではいけない」ですね（P112）。

また、前述のとおり、人は自分の話をしたい生き物です。徹底して「聴きポジ」に回ることで「この人といたら気分がいいな」と感じてもらえ、**「苦手」「嫌い」が「ふつう」「好き」に転換する可能性だってある**のです。

やや余談ですが、私は小学生のころ、当時の学校推薦図書に書いてあった「嫌いな人ほど好きになれ」というメッセージから、嫌いな人ほど面と向かって褒めたり、感謝を伝えるべきだと学びました。そしてそれを、40年ほど実践し続けています。そんな自己鍛錬が「聴く」に役立っているのだから不思議ですね。

そして、4のケース。自分が好きな方、とくに強い尊敬を抱いている方と会えるときには、より慎重に「聴きポジ」に回りましょう。私もインタビューや仕事などで、ずっと会いたかった方、ファンに近い感情を抱いている方のお話を伺うことがときどきありましたが、気を引き締めてのぞんだものです。

尊敬する方に相対するときは、まず「お会いできてうれしい」「感動している」という気持ちを、素直に言葉や表情で相手に伝えます。

場をわきまえる必要はありますし、常識としてのあいさつ、立ち居振る舞い、敬語に気をつけることは当然ですが、ポジティブな気持ちをぶつけられて嫌な人はいないもの。逆張りでクールに接する必要はありません。

ただし、**しつこく自己アピールしたり、爪痕を残そうとしたり、大げさに褒めたり讃えたりすることは控えます。**舞い上がりすぎないように要注意です。ちなみに、阿川佐和子さんはずっとファンだった女優さんにインタビューしたとき、その方が出演していたミュージカルの曲をいくつも歌ったことを失敗談としてお話しされていました（阿川佐和子のおもしろがる力。／ほぼ日）。

うれしい気持ちはぐっと抑え、「聴きポジ」として相手の話をじっくりと聴き、相づち（とくに「深める相づち」）ひとつひとつに心を込める。余裕があれば、準備してきたとっておきの質問を投げかけましょう。

安心感を出したいときは0.9倍速で話す

相手にリラックスしてほしいときやじっくり考えてほしいとき、心を開いてほしいとき。

絶対に避けたいNG対応が、「早口になること」です。

じつは、聴き手の「声を出すスピード」によっても、相手の話しやすさは左右されます。詳しくは第5章でご説明しますが、簡単に言えば、早口で相づちを打つと相手はあなたに頭の回転が速い印象や、「自分が言いたいことがある人」のイメージを抱くのです。結果、リラックスして話したり、自分自身と向き合いながら言葉を紡ぐのがむずかしくなります。

答えを急かされているようで焦り、たたみかけられているようで落ち着かず、「ほんとうに聴いているのかな」と疑ってしまう……そんな相手には、安心していろいろ話すことはできませんよね。

会話が苦手だ、人とうまくコミュニケーションが取れないと感じている人は、自分が思っているよりも相づちが「早すぎ」ないか振り返ってみてください。

では、どれくらいのスピードで話せばいいのでしょうか。相手が心地よく感じる、魔法の数字があります。

それが、**相手の0・9倍速。**

相手よりほんの少しだけゆっくり、というのがポイントです。同じでもなく、あからさまにゆっくりでもなく、相手が気づかないくらいスピードを落としてみる。1音1音の間を微妙に伸ばし、語尾はピシッと切らず、余白を取るのです。

相手のペースの0・9倍速を意識すると、「しっかり聴いてくれている」「受け入れてもらえている」と感じてもらいやすくなります。「共感の相づち」も、切り込むように入れるのではなく、「ゆったりとした音を出す」イメージがいいでしょう。「はいはいはいはい」など重ねる相づちは厳禁です。

また、相手がモジモジしていても、**決して、相づちの打ち出しを相手の話にかぶせないこと。**相手がしゃべり終わってから、ゆったり一呼吸おいて相づちを打ちます。その間で相手がまた言葉をつないだら、そのまま聴けばよいのですから。

反応が薄いときは「理解したい」思いを示す

こちらが何を伺っても反応が薄く、焦ってしまう。

これはインタビュアーのお仕事でときどき起こることです。今でこそそんな方は少なくなりましたが、昔は質問をしても、疲れていらっしゃるからかあまり話してくださらなかったり、露骨に嫌な顔をされたりということがあったようです。他の職種でいうと、営業先の人に「塩対応」をされる、といった経験と近いかもしれません。

そんなときは、**「同じ質問をしてすみません」とまずは謝ります。**決してムッとした態度を取ってはなりません。そして「わかりづらかったですよね。こういうことですが……」と言葉を変えながら、何度かチャレンジしてみてください。

つまり、**「自分はあなたのことを心から知りたいし、理解したいと思っている」ということを、根気強く伝えるのです。どうにかしてあなたの言葉をいただきたいと思っている、と。**するど、念が通じるようにフッと心を開いてくださることが多いのです。別にこちらを試しているつもりなのではないと思いますが、相手にも情というものがあるのでしょう。

途中で投げ出しては、何も得られません。お話をいただくまで、あきらめないことが大切です。心を開く特効薬はないのですから。「どうか聴かせてください」の気持ちは必ず相手に伝わると信じて、おだやかな気持ちで、粘り強く「聴きポジ」をまっとうしてください。

訊きづらい質問をするときは断る余白を残す

デリケートな話には相手が切り出すまでなるべく踏み込まないのが鉄則ですが、どうしても聴きにくい話を伺わなければならないときは、必ずエクスキューズを入れましょう。

「これは伺っていいのかわからないのですが……」

「話すのがむずかしければ、スルーしてくださいね」

このように、相手に断る余白があることをまず伝えてください。こうしたエクスキューズを入れることで、ただ無遠慮な人間ではないことを示せます。「私も聞いていいのか迷っています。でも、一度チャレンジしていいですか？」という、意思表示になるのです。

有名無名問わず、波瀾万丈な人生を送っている方にひたすらインタビューするYouTubeチャンネル「街録ch」を運営している三谷三四郎さんも、相手が少しでも言い淀んだときは「無理なら話さなくていいです」というひと言を欠かさないとおっしゃっていました。

相手の期待に応えたいと思ってしまう人は少なくありません。そういう人にとって、「言いたくない」「言えない」と相手に伝えることもストレスなのです。たとえ話してくれなくても、なるべく相手が申し訳なく感じないような言い方を心がけましょう。

長い話を切り上げるときは「蛍の光」モードに

たくさん話してくださるのは「聴きポジ」冥利に尽きるのですが、刻々と迫る時間に気を取られて焦ってしまうことってありますよね。「早くお話を切り上げてほしいのですが」なんて、言えるはずもありません。

そんなときは、

「なるほど、とても為になりました」

「お話できてよかったです」

「ほんとうにお話楽しかったです」

など、相づちをすべて「まとめ言葉」に変えていきます。いわば、その場に「蛍の光」を流すのです。

ここで質問を重ねるとまた話が始まってしまうので、いつもの会話と逆で「広げない」「転がさない」「深めない」を心がけましょう。

「蛍の光」を流しても気づいてくれなかったら、もう少しストレートに。

「あれ、もうお時間じゃないですか？」

「この後、どの駅から帰られますか？」

と、この後の行動について質問することで次のアクションを誘導します。相手に時間が迫っていることに気づいてもらえると、スムーズに場を動かせるでしょう。

意見が違うときはアドバイスを求める

まず忘れてはならないのは、**いくら意見が違っても相手は敵ではない**ということです。ですから、決して反抗的な聴き方にならないように。途中で遮ったり、不服そうな表情をしないようにします。

こういうシーンでは、意見をぶつけるのではなく**相手にアドバイスを求める（＝聴く）形にすると、うまくまとまることが多い**です。

まずは、自分と異なる意見を知ることができたこと、つまり「情報」を得られたことについて、「ありがとうございます」と心からお礼を言いましょう。そして「そのアイデアはこういう部分で私の案よりメリットがあると思います。さすがですね」など、一度しっかり尊敬の気持ちを表明します。

そうして相手と争う気がないことをはっきりさせた上で、「ただ、私の意見はこうなんです。それにはこういう理由があるのですが、どう思いますか？」と尋ね、アドバイスをいただく。自分と違う意見の中にも合意できるところがないか、参考にできるところはないか耳を傾けます。

ポイントは、ただ「いい子」になるのではなく、納得できるまでしつこく聞くこと。議論ではなくすり合わせができるため、自分の考えを認めてもらえる可能性も上がります。

また、**しっかり聴くことで顔を立てることができ、「無視された」「意見を聞いてもらえなかった」と不快に思わせることもなくなるので、心証が悪くなるのを防ぐ効果もあるのです。**

関係性をキープしたまま、うまく議論する。これが「聴きポジ」の構えです。

ママ友と距離を縮めるには「言葉のカロリー」を上げていく

基本的に、お迎えの時間で一緒になった、習い事が同じ、出席番号が近い、といった親御さんとお話しすることになるかと思います。

まず、にこやかにあいさつをして名乗ったら、いったん自己開示を入れましょう。

所属が明確な仕事とは違いますから、まずは自分はあやしくない人間だと知ってもらうことが大切です。コミュニケーションを取る意思がありますと、扉を開けて待つわけです。「まったく知り合いがいなくて、緊張しているんです」などが定番の言葉（ほぼゼロカロリー）ですね。

「そうなんですか」「うちもそうで……」といった返答があったら、さらに様子見タイムを続けます。「楽しそうなクラスですね」「この前の行事、よかったですよね」といった無難な言葉をかけつつ、相手の出方やリアクションをうかがう時間を取ります（30キロカロリーくらいのイメージです）。

ちなみにすでに仲の良いママ友がいたり、グループに所属している場合、あちらは新しい友だちを求めていません。そういうときは会話が弾まないので、ほどよいところで切り上げて撤退しましょう。

よい感触を抱き、さらに仲良くなりたいと思ったら、軽めの「相談質問」を入れます（「体操服袋ってどうされました？」など）。

そして、**徐々に質問のカロリーを上げていきます。**「うちの子、ピアノを習いたいと言っているんですが、どこかご存知ですか？」というように。

つまり、少しずつ具体的な質問を重ねて、距離を詰めていくのです。

ポイントは、「相談質問」は適当な場つなぎに使ってはいけないということです。いただいた回答やアドバイスは、できる限り受け入れましょう。

体操服袋は教えてもらったお店でちゃんとチェックする。ピアノ教室も検討したり、連絡したりしてみる。そうすると、報告を兼ねて2回目の会話につなげていくことができます。真剣に答えたわけではなくても、アドバイスを活かしたと聞けばうれしい気持ちになるものです。どんな関係性でも、「相手がうれしいコミュニケーション」を意識するのは鉄則ですね。

もうひとつ、ママ友との会話に関しては注意したいことがあります。

子どもに関しては、赤ちゃん期の成長速度から習い事、塾、進路など、共通の話題に事欠かないと思います。ただし、**絶対に「優劣」をつけたり「評価」をしたりしないこと。**これは固く誓ってください。

どんな話になっても、たとえ自分と意見がまったく違っても**「聴いた話は引き出しに入れるだけ」なのが「聴きポジ」です。**議論に持っていかず、それぞれの子どもや家庭の違いや個性を堪能してください。

仲良くなりたい先輩へは「教えてください」を重ねる

「聴きポジ」兼後輩として、「教えていただきます」のスタンスをはっきり打ち出しましょう。人間として打ち解けるのは、その後です。

まずは**「あなたに興味がある」ことを伝えるために、ヒアリングからスタートします。**まず観察してある程度あたりをつけたうえで、先輩の好きなもの（音楽でもお店でもテレビ番組でも）を伺いましょう。

「最近おすすめのバラエティ番組ありませんか？」

「どんな本がお好きなんですか？」

「○○さんってワインお好きなんですよね。おすすめのお店はありませんか？」

おすすめしてもらったり教えてもらったりしたら、あまり時間が経たないうちに実際に体験しましょう。**大切なのは、その後のフィードバックです。**たとえば、お店を教えてもらったのなら、感想を伝えたうえで問いを重ねるのです。

「ほかにおすすめのお店はありませんか？」

「いつからワインが好きなんですか？」

「ワインに詳しくなりたいけれど、どんなふうに勉強すればいいですか？」

キーワード（P61）や相づち（P65）で話を深めたり広めたりしていきましょう。

こうしてアクティブな「聴きポジ」となることで、好きな店に連れていってくれる、本を貸してくれるなど、リアルなコミュニケーションにもつながっていくはずです。

「一方的な話し手」になると後輩はいなくなる

さて逆の場合はどうするか。**先輩風を吹かさない、つまり「一方的な話し手」にならないことがポイントです。**

「教えてください」というポジションを取られたり、先輩ということで立ててもらいがちですが、そこで気持ちよくならないこと。相手が年下でも意識して「聴きポジ」を狙っていくのが鉄則です。

先輩なのに「聴き手」になる。話をリードしない。上の立場からものを言わない。**ふだんと立場を逆転させるだけでも、距離はずいぶんと縮まります。**たとえば後輩の得意分野についてアドバイスを乞うたり、ハマっていることについて語ってもらったり、近況について教えてもらったりするといいでしょう。

最近流行っているエンタメや美容など、若い人たちの方が詳しいジャンルはもちろん、仕事に関しても、後輩たちの方が新しい価値観やアイデアを身につけていたりもします。

なめられてしまうのではないかと心配かもしれませんが、大丈夫。とくに最近の20代は、高圧的な先輩が苦手だったり、フラットな態度の人を好んだりするようです。

知らないことは、年など関係なく学ばせてほしい。そのスタンスを忘れずにいれば、自然といい関係を築けるのではないでしょうか。

自分の身につけてきた考え方やスキルは、トークではなく、仕事で伝えればいいだけなのです。

激昂する相手へは「音」で返事をする

強く怒りを表現している人と対峙することになったら、いったんは、すべてを聴く姿勢を見せましょう。目線は絶対に外さず、真剣に聴いていることが伝わるよう、相づちを打ち続けます。

反論はもってのほかですが、一方で**大げさな同調もしないほうがよい**です。否定も肯定もせずに聴き、ひたすら「はい」や「ええ」といった「音」を出すイメージです。**感情は不用意ににじませないことがポイントです。**

こちらの情報を与えず、とにかく感情を出しきってもらうのです。

相手もそうやって感情をスパークさせているうちに、だんだんと冷静になっていきます。その段階になったらあらためて論点を整理して伝え、「ほんとうはどうしてほしかったのか」「これからどうすればいいのか」を質問したり、提案したりしていきましょう。

ただし明確にこちらに非がある場合は、その場で詳しくヒアリングせずに時間を置くのが吉。そして、あらためてメールなどでていねいに謝罪し、今後の方針について確認する。そのころには、相手もすっかり落ち着いて対応してくれるようになっているはずです。

column 1

ライフワークとしての朗読

20代の後半、アナウンサーとして自分には強みがないと絶望していた時期がありました。そんなとき、先輩アナウンサーからふいに「堀井は朗読がうまいね。もっとやってみたら？」と言われたのです。それをもう地獄で見かけた蜘蛛の糸のようにたぐり、絶対に離さないぞと心に決めてここまでやってきました。局アナ時代も、そしていまも、朗読は私の核となっています。一生をかけても極められる気がしないけれど、一生をかけて打ち込みたいもののひとつです。

朗読というのは、とても地味なものです。大人になって「朗読をしたことがある」という方も、少ないかもしれません。けれど、だれかに聴いてもらうわけでなくても、自分のためにする朗読はとても意義深いもの。せっかく本書を手に取ってくださったみなさんには、次章からお話する声のトレーニングのひとつとして、ぜひ朗読の世界を覗いていていただきたいと思います。そしてその奥深さに触れていただけるとうれしいです。

トレーニング的な観点で言うと、まず朗読は口のストレッチに最適です。「出したい声」を出そうとするうえでいちばん最初の関門は「口が動かない」ということです。動かしているつもりでも、日頃使っているのはわずかな筋肉だけですから。けれど朗読を習慣にすると、日常的に口を動かすことになります。少し昔の作品などを読むと、ふだん口にしない言い回しに舌がもつれそうになることもしばしばあります。けれど繰り返し読むことで、だんだんと口がなじんでくる。朗読は、最良のストレッチです。

また、朗読は脳のエクササイズにもなります。2020年以降、コロナウイルス感染症のパンデミックの流行によって自宅待機や在宅勤務になった方が多いかと思います。そうして誰とも話さない時間をひとりで過ごし、久しぶりに話す場につくと、あれ、思うように言葉が出てこない……。そんな経験をしたのではないでしょうか。運動不足の方がいきなり走ると足がもつれるように、舌も動かなくなるし、脳の動きも鈍ってしまうのです。朗読をしていると、「脳をとおして口に出す」一連の流れをひとりで行うことができます。数日ぶりに人に会う、なんてときも、安心してその場に向かえるはずです。

そしてこれは余談ですが……2023年の春、私は『一旦、退社。』（大和書房）というエッセイ集を出させていただきました。

生まれてはじめて人さまに読んでいただく文章を書くことにこれまで以上に向き合い、世に出すまで緊張もしていたのですが、その本を読んでくれた盟友のジェーン・スーさんが「『ずっと書いてきた人』みたい」と言ってくれました。「そうか、美香ちゃんは『読んで』きたからだね」と。

残念ながら自覚はできていないのですが、古今東西のたくさんのすばらしい作品を読み、己の未熟さに打ちひしがれながらも、少しでもその本質を理解しようと言葉一つひとつに向き合ってきたからこそ、知らず知らずに語彙やリズムが身についていたのかもしれません。

いい文章、きれいな言葉は、自分の血肉になっていきます。それは人と接し、コミュニケーションを取るなかで、どこかににじみ出てくるはず。そう信じていいのかもしれません。

これからも私は、朗読をライフワークとして続けていきたいと思っています。無謀なほど大きなホールでの朗読にもチャレンジしていきます。お客さまがどれだけ来てくださるかわかりません。ただ、未熟者ではありますが、私を媒介にしてすばらしい作品を伝えたいという思いがあるのです。

だからこそ、いつまでも、張りのある粒の立った声を出せるようにいたいのです。一生、精進していきたいと思います。

第4章

よく「聴く」ために、声を育てる

ここまでお話ししてきたとおり、この本は「聴く」についての意識を持ち、「聴く」技術を磨くための本です。

しかし会話において、どちらかが話し続けてもう片方がだんまりを貫く……ということはありません。どれだけ片方がメインで話していようとも、必ず「やりとり」が生まれます。

そしてこれが、会話のおもしろいところ。「聴きポジ」を取っているあなたの話し方によって、相手の話しやすさもグンと変わるのです。

落ち着いた、包容力のある話し方。
親しみやすい、愛嬌のある話し方。
上品で、一目置いてしまう話し方。

相手や、話の内容によって、話し方を変える。相手が安心して心地よく話せる自分に変身するのです。

本章ではそんな話し方を実現するために欠かせない、「声づくり」についてお話ししていきましょう。

「聴く」ために声を変える

よりレベルの高い「聴きポジ」になるためには、声のコントロールが欠かせません。**より深い言葉をいただくために、相手が「話しやすいな」と感じる声を出すためです。**

では、みなさんはご自分の「声」についてどう捉えているでしょうか？

おそらく「親からもらったもの」「先天的」「変えられない身体の一部」というような意識が強いのではないでしょうか。ジャイアンが貴公子のような声になることはないというか、変化の幅があまり大きくないと思われていることが多いようです。

だから、なんとなく「自分の声って好きじゃないな」と思っても、具体的にトレーニングしたり改善したりするには至らない。

そんなふうに諦められがちな「声」ですが……断言します。

声は必ず変わります。

自分が出したい声が、出せるようになります。

いまは、カチカチの硬い身体と同じです。動かしてこなかったから、動かない。でも、身体が柔らかーくなった姿をゴールに据えて、毎日コツコツ柔軟を続けていくと、始めたころは想像できなかったような開脚ができるようになるでしょう？

声も、身体が出すもの。だから同じです。少しずつ、しかしどんどん変化します。

たしかにある程度は生まれ持った素質の影響はありますが、育てていけば、自分でもはっきりわかるくらいの変化を起こせるのです。

生まれつきの顔にメイクをすれば20パーセント増しに見えるように。

生まれつきの身体を鍛えて腹筋を割るように。

生まれつきの声に手を加えれば、もっと素敵になります。

ファッションや髪型を変えたりするように、声だって自由に操れるもの。そして自由自在に出せるようになった声はあなたの相棒として、これからの人生を支えてくれるはずです。

「戦闘服」のように、ここぞというときの声を持つこともできますし、セミフォーマル着のように「仕事中の少しだけ知的な声」を持つことだってできます。相手を場面に合ったコミュニケーションを取れるようになる。ひいては自分を「ブランディング」できるようにもなる。魔法のようですね。

自分の思うとおりの「あ」を言えずして、イメージどおりに話すことはできません。より心地のいい会話の場をつくるためにも、まずは声のコントロールから。急がば回れ、なのです。

低く落ち着きのある声を手に入れて

では、ほんとうに声は変わるのでしょうか。それは、「私が証明です」と言えます。

私は、生まれ持ったものでいえば明るい、どちらかというと「可愛らしい」に近い声をしています。その影響もあってか、20代はバラエティ番組を多く担当させてもらっていました（もちろん年齢的な理由もあります）。

でも次第に、「もっと落ち着いた声を出せるようにならないと、すぐに『詰んで』しまう」と考えるようになります。アナウンサーとして、たとえば紀行モノにふさわしいたおやかな声、戦争ドキュメンタリーにふさわしい真摯な声……そういったあらゆるジャンルの文章を読める声にならないと、これからのキャリアは発展しないだろうと思ったのです。

そこで私は、声の出し方を変えることにしました。
具体的に言えば、低い声を出すように意識を切り替え、トレーニングをはじめたのです。

- 低めの声が素敵な女性アナウンサー（特にNHKの加賀美幸子さん、森田美由紀さん、山根基世さんなど）のしゃべりを家や移動時間でひたすら聴き、耳になじませ、空き時間ではその発声をマネする
- 自宅で家族と話すときや同僚と話すときも、なるべく低くしゃべるように意識する（自分の音域を下に広げていく）
- 発声練習では宝塚の男役の方をイメージして喉仏を落とし、太く低い声を鍛える

「声を変える」というとストイックだと思われるかもしれませんが、じつはむずかしいことは何もしていません。自然に出る声よりも、低い声を意識して出しただけ。それでも、私の声は変わりました。見事に、低くて落ち着きのある声も出せるようになったのです。

人が自然と出す声の高さは、だいたい決まっています。

「なるほど」と言ってみてください。この「な」の音が、「ド」の人はだいたいいつも「ド」だし、「ソ」の人は「ソ」です。出しやすい音は決まっている。

でも、**その音を中心とした「層」は上にも下にも拡大できます。**音域は広げられるのです。

私はいま、「可愛らしい声」から「重厚感のある声」まで、シーンに合わせて出し分けができます。入社当時といまでは表現の幅も声域の幅もまったく違います。でもそれは勝手にそうなったわけではなく、自分の意思で「広げた」わけですね。

演歌歌手や落語家は喉をつぶして声をつくりあげたりもする、と言われます。みなさんはそこまでする必要はありませんが、望む声があるなら、出してみたい音があるなら、相手に与えてみたい印象があるなら、これからお話しする声のトレーニングに取り組んでいただければと思います。

ちなみに、アナウンスの研修を経験せずにアナウンスの仕事に就くことになった方は、無理やり声に抑揚をつけることで、声の可動域の狭さをカバーしようとする傾向があります。

でも、そんな小手先の技術ではやはり限界がある。大切なのは声の芯です。声の中心にある芯を、いかに太くするかなのです。

恥を捨てて、自分の声を聴く

では、いよいよ「声を育てる」トレーニングに入っていきましょう。トレーニングというと大げさかもしれませんね、「ストレッチ」と呼んだほうがしっくりくるくらいの動きです。

トレーニングをはじめる前に、ひとつ、頭に入れていただきたいことがあります。

「恥を捨てましょう」ということです。

自分の声を知り、向き合うことは、慣れないうちはとても恥ずかしいと思います。

「大きな声を出す」といったトレーニングも、いちいち照れくさいでしょう。

でも、声を育てるためには、自分の声を直視しなければなりません。照れを乗り越えて、自分の声を愛《め》でましょう。大丈夫、みんな同じです。

また、はじめのうちは、慣れきった顔の筋肉の動かし方のクセをほぐさなければなりません。

そのためには**すべてのトレーニングをできる限り大げさにやって、自己流の型を崩して、もう一度正しい型を身につけて、自然に戻していくのがベスト**です。

ストレッチ中の顔は、正直、とってもおかしいものです。ふだん動かさない方向に口を開いたり、なんだか違和感のある動きをしたり。どんな絶世の美人がやっても、絶対にヘンな顔になります。

ですから、だれも見ていないところで、臆さずものすごく大げさにやってほしいと思います（アナウンサーたちはそんなことは気にせず、みんな同じ部屋でやるのですが）。

……と注意書きを入れましたが、ここではまず「こんな動きがあるんだ」「このトレーニングにはこういう意図があるんだ」と軽い気持ちでページをめくっていっていただければと思います。

声を育てる5つのトレーニング

まずは、1歩目。ウォーミングアップです。自分の声を録音して（スマホのボイスメモで充分です）、聴いてみましょう。

いま、ご自宅で本書を読んでいる方は、早速やってみてください。この本を朗読するのでもいいし、テーブルに置いてあるチラシを読むのでも、仕事のプレゼン原稿を読むのでも構いません。

第1ステップの「聴く」は、「うんうん、こういう声なんだな」と自分の声を認識すればOKです。

自分がふだん認識しているのは、骨を伝わってくる「聞き慣れた声」。でも、**実際**

に他人が聴いているのは、録音機から流れてくるその声です。こんな声だったんだ、と落ち着かないかもしれませんが、客観的に聴いてみます。

そうすることで、**自分の一部だった声を自分の身体から取り出すのです。**自分と切り離し、「声」という独立した存在として認識するところからはじめましょう。

さて、声を身体から出したら、いよいよトレーニング本編です。

1・大きな声を出す

TBSアナウンサーの研修はまず、「大きな声を出す」というところから始めます。

研修がスタートしたら、朝から夜までずっと大きな声で、

「あえいおうおいえあ……」

これしか練習させません。文章らしいものは、一切口に出さない。毎日取り組んで

もらい、1ヶ月ぐらい経ったところで「じゃあ、ちょっと読んでみようか」となるのです。

それ以降も、「大きな声を出す」は、研修・練習の基本となります。

もちろん、「できるだけ大きな声を出す」といっても、雄叫《おたけ》びをあげるわけではありません。たとえば「お団子おいしかったよね!」といったふつうの会話を、ふつうではあり得ないくらい大きな声で交わしてもらい、だんだんボリュームを下げていく。

「本日、世田谷区○○の路上で……」といったニュース原稿を、舞台俳優のように大きく発声してから、少しずつふつうのボリュームに戻していく。

大きな声で話せるように、喉と耳を慣らしていくのです。

なぜそんなことをするのだろう、と思いますよね。日常でそんなに大きな声で話すことなんてないのに、と。

これは、まさに「大は小を兼ねる」の理屈です。

声の大きな人は小声で話すこともできますが、声の小さな人が大きく、ハキハキと話すことはできません。コントロールできずに、声に振り回されてしまうのです。

大きな声を出せる器《うつわ》を持っていると、その中で余裕を持って声をコントロールすることができる。ボリュームの調整も難なくできるようになります。

みなさんが「あえいおうおいえあ……」と練習するのはさすがに退屈でしょうから、お好きな文章をできるだけ大きな声で読んでください。

これまで、自然に無理なく出せる範囲の音量を、何十年も出してきたはずです。いったいどれだけ大きな声が出るかわからない、という方がほとんどでしょう。ですからこの機会にぜひ、自分がどこまで大きな声を出せるか試してみてください。出し慣れていない大きな声を出すのは疲れると思いますが、ストレス発散にもなるし楽しいですよ。

環境やボリューム次第ですが、家でするると迷惑になるようなら、車の中（高速道路や荒野などを走っているとき）やカラオケ店（マイクなしで）、レンタルスタジオなどでトライするのがおすすめです。

2・母音を聴くトレーニング

大きな声が出るようになったら、次に母音のトレーニング。ここから少しずつ「話し方」に近づいていきます。母音とは「あ・い・う・え・お」の5つの音です。子音は、「k」「t」「s」など。舌と歯、唇などで、息の通り道の広さを変えながら発声する音のことです。

音の印象を左右するのは子音ですが、**言葉が持つ音をより明確に実体化させるためには、母音「a」「i」「u」「e」「o」の存在感が不可欠です。**

アナウンサーはよく「一言一言粒立てて読みなさい」と教えられますが、これは母音を明瞭にせよということでもあります。**文の出だしの母音、語尾の母音があいまいだと、説得力が薄れます。**

たとえば、「そうですか」の最後の音は「Ka」。この「a」(=「あ」)の音の出し方によって、印象は驚くほど変わるのです。

口の開きが甘いと、あいまいな音になります。あいまいな音は、だらっとした印象を与えます。説得力がなくなるし、知的な印象を持たれません。友だち同士の会話なら問題ありませんが、仕事のシーンだと少しもったいないですよね。**舌っ足らずな方は幼く聞こえますが、そういう人は得てして母音の発音もあいまいなのです。**

ほかにも、「声（koe）」と「恋（koi）」。「え」と「い」の発声があいまいな方はとても多いです。「え」と「あ」が「団子」になってしまい、うまく発声できていない方もよくお見かけします。

では、なぜ母語である日本語の母音がはっきり話せない人が多いのでしょうか。

それは、母音を聞き取る力が衰えているからです。

母音を話す力＝母音を聞き取る力

日本人はRとLの発音が苦手だと言われます。それは同時に、聞き取れていないということです。これと同じことが、日本語でも起こっているわけですね。

そこでまずは口周りの凝り固まった筋肉をほぐし、同時に耳をたたき起こしましょう。

この「リハビリ」ともいえるトレーニングの第一歩は、とにかく「正しく口を開けてみること」。

いま、多くの方が「そこそこ」の口の開きで発声を済ませています。出すべき音があいまいになっているんですね。せっかく日本語を話す者として、ここで一度「あ・い・う・え・お」をどう発音すればいいのか、基本を学び直していただければと思います。

意外と正式には習ったことのない、正しい「あ・い・う・え・お」。

次に示す動きを参考に、ひとつひとつの音をたしかめてください。今回は私がよくやっている顔のストレッチも兼ねて発声しているので少し大げさにやっていきます。口を「カクカク」と動かしながら「これが『お』なのか」と、音をリンクさせていってください。

※全体を通して、舌は、口の下の方に置いてください。大きな飴玉をひとつ乗せておく状態をイメージするといいでしょう。

縦に指が２本入る程度、縦に口を開ける。
「あ、あ、あ…」と20回。
その時、びっくりした顔でまばたきしながら声を出すと、目の周りのストレッチにも。
額にシワができる方は片手で額をおさえてください。

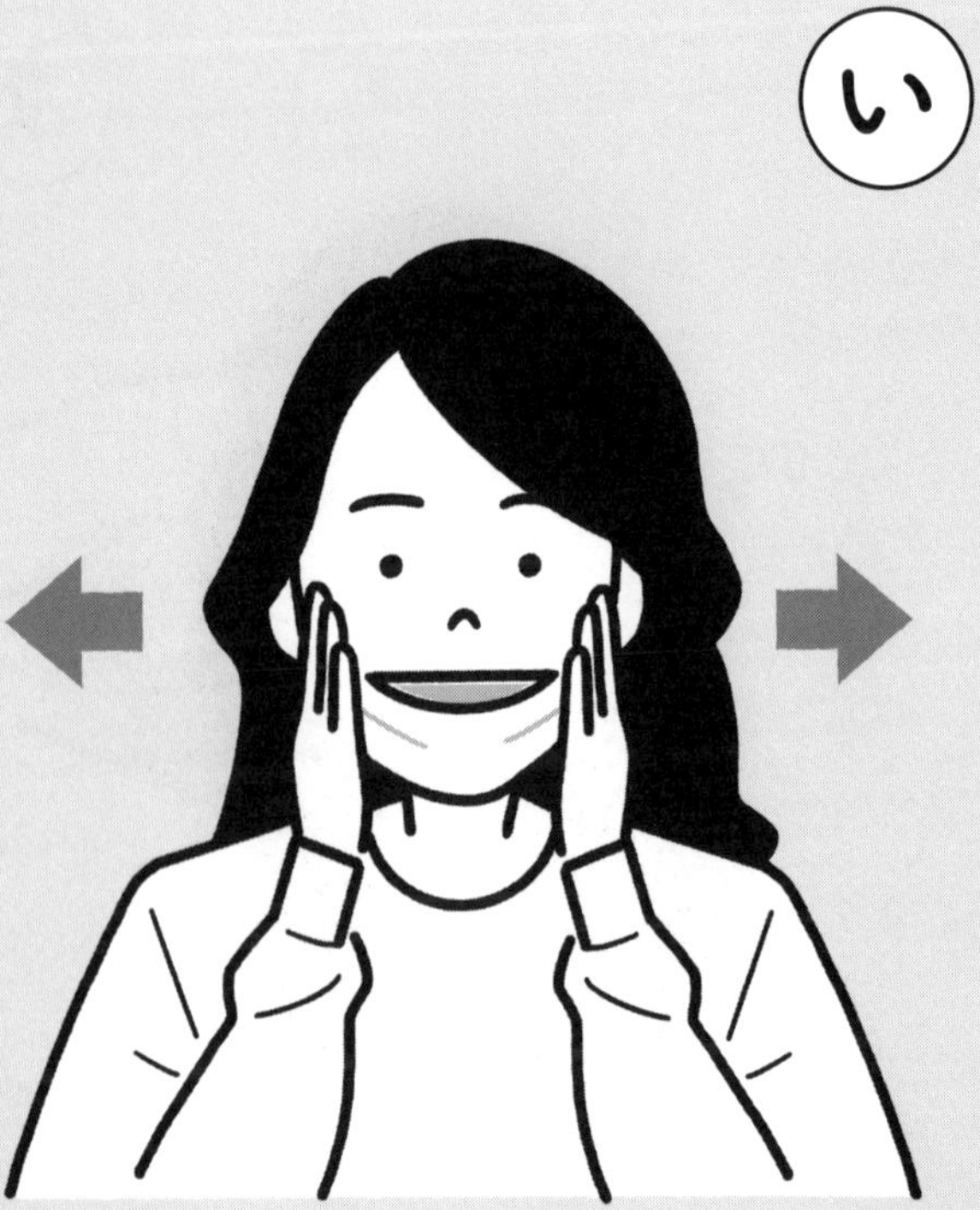

口を横に思いきり開き、口角も上げます。
「いー、いー、いー」と20回。
下唇の下側のラインに沿い、センターから外に向かって指で左右上方向になぞりながらでもいいでしょう。
割り箸を横にくわえてやるのもよし。

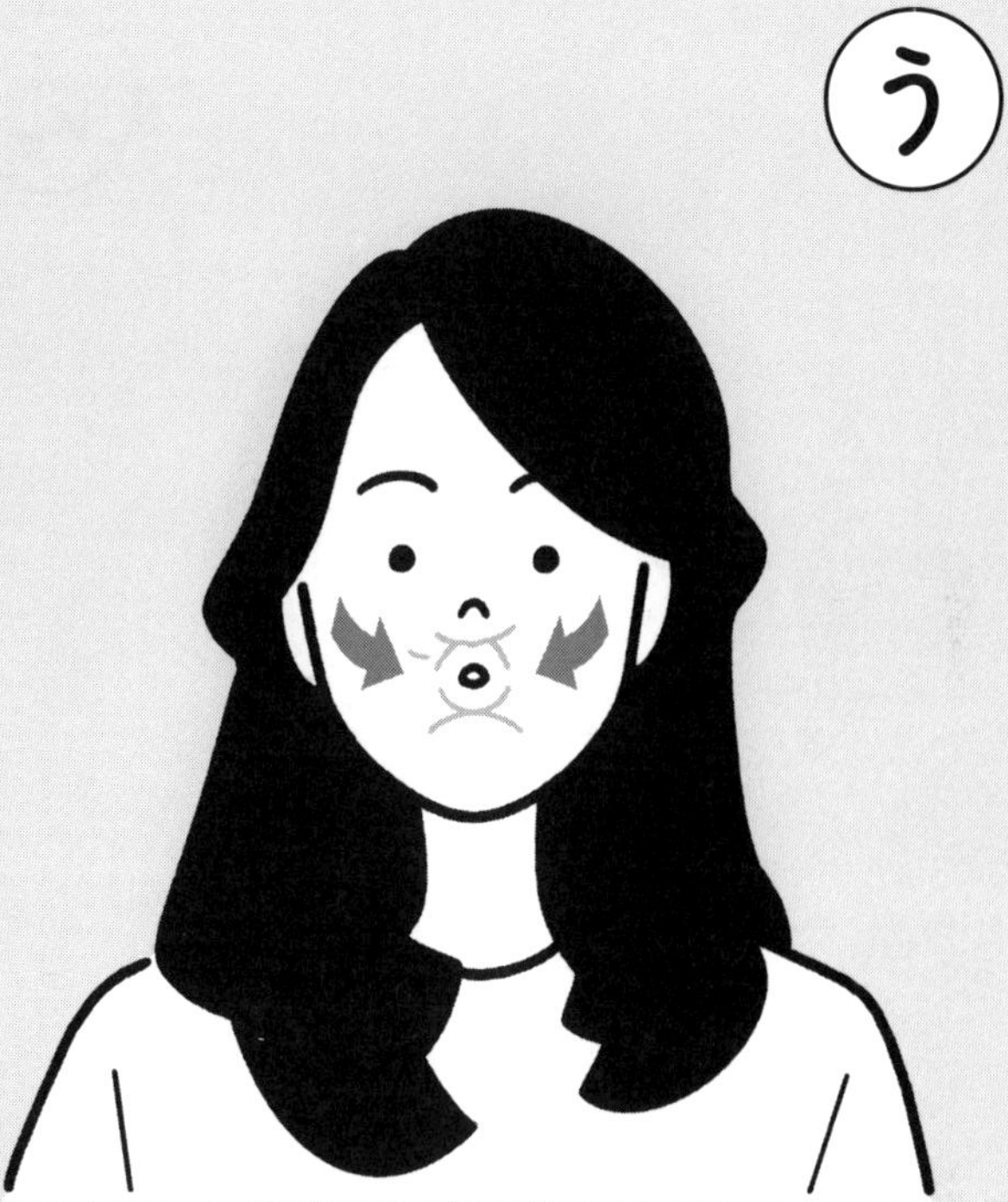

「ひょっとこ」のように口をすぼめて突き出す。
顔の筋肉を使うことも兼ねているので大げさに。
「う、う、う」と20回。

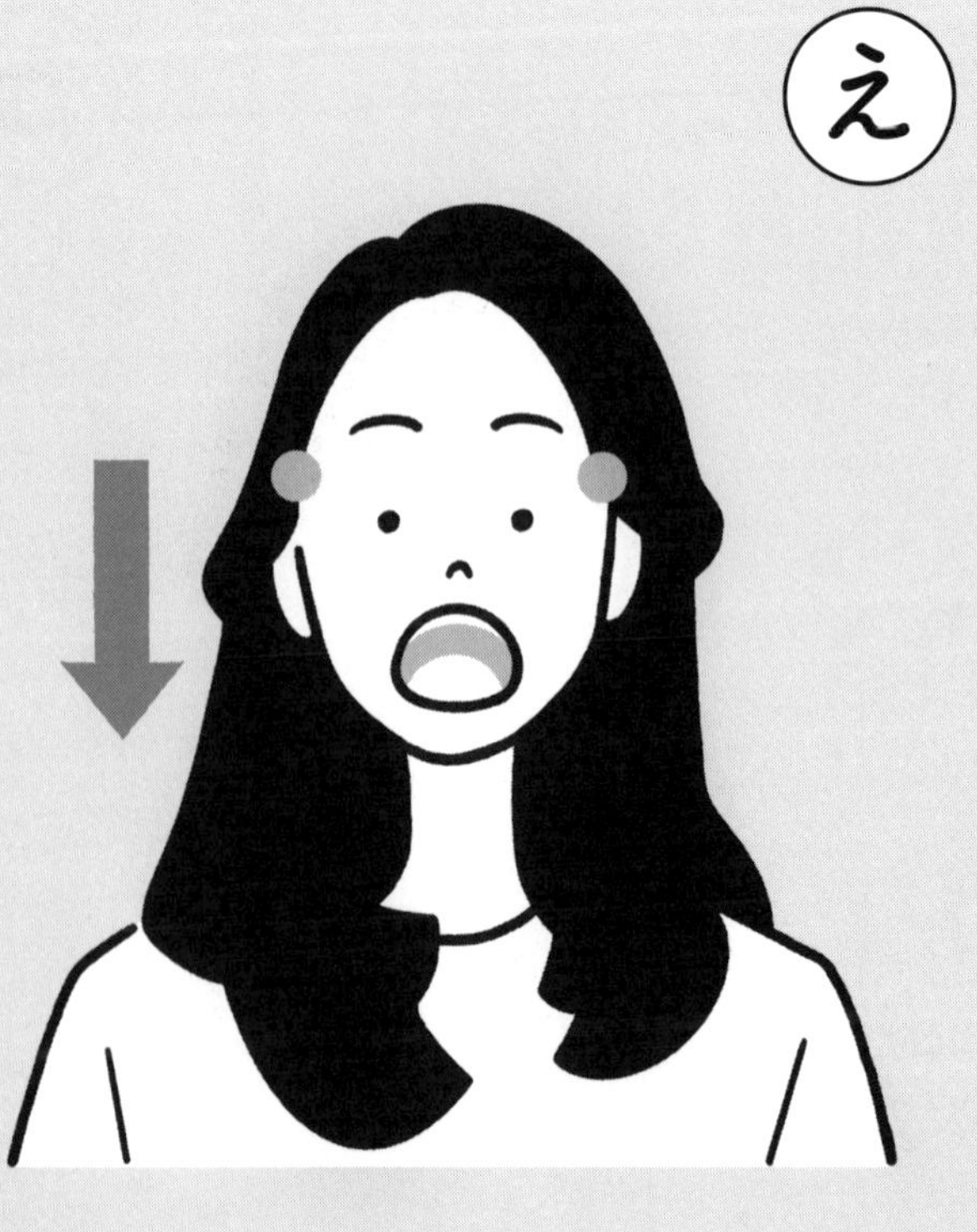

「あ」の口の形から少し横に引っ張り、顎のひらきも少し閉じる。ここで「え、え、え」と5回。
頬骨の下に指を置き、頬から耳へなぞる。
発声のときは口角からこめかみまでの繋がりも意識しましょう。

お

「う」の形の口から唇のあきを大きくし、顎もひらく。
「お」の形はほうれい線のシワが薄くなるので、
「加トちゃんぺ」の手の形で押し、
「アイロン」をかけるとよりシワを撃退できる気がしています。

この5音のストレッチをすると、思いのほか顔が疲れます。筋肉の疲労に負けず、全力でいきましょう。

あなたが30歳なら30年間、40歳なら40年間、クセで動かし続けてきた口をほぐし、動きをよくしていくためのストレッチです。とにかく大げさに動かすことが大切で、実際の会話では使わないようなヘンな動きでもいいのです。

カクカク動かし、充分にほぐれたと思ったら、少しずつ自然なノーマルの動きに戻していく。あくまで、サボっていた筋肉と耳を起こすための動きと心得てくださいね。

ちなみに、私が生まれ育った秋田では、しっかりと口を開いて発音することはあまりしません。ハッキリと粒立った音には、憧れがあるのです。

3・母音トレーニング

正しい口の形で正しい母音を出せるようになったら、次へとまいりましょう。

言葉から子音を省き、５つの母音だけで発声する練習。これは母音を意識するのに、とてもおすすめの方法です。

母音を「話せる」ようになるというより、①で目覚めた耳をさらに強化させ、「聞き取れる」ようになるために最適のトレーニングと言えるでしょう。

子音を省くとは、こういうことです。

- **堀井美香↓おいいいあ**
- **おはようございます↓おあおうおあいあう**
- **アミノ酸↓あいおあん**

このとき、文字を見ながらだと比較的簡単にできてしまうので、頭の中に言葉を浮かべて母音に変換していくといい訓練になります。ちなみに私が講師のとき、新人アナウンサーには「母音だけで日常会話をするトレーニング」を課していました。

A「あんい、あいあえう？（ランチ、何食べる？）」
B「おえんおううっえいあんあおえ（お弁当作ってきたんだよね）」

はじめは四苦八苦ですが、だんだんスムーズに言えるようになり、ふつうに会話が成立するさまを見るのはおもしろかったです。耳と口が適応していくんですね。

これは以前、TBSアナウンサーの新人研修にお呼びした元劇団四季の先生が教えてくださったトレーニング方法です。劇団四季のみなさんは、なんとシェイクスピアの劇を母音だけで読み合わせたりするそう。「セリフが聞き取れない」が許されない俳優さんたちには、母音のトレーニングが欠かせないということがよくわかります。

おもしろいのがこのトレーニング、子どものほうがすんなりと会得するそうです。子どもは母音をはっきり聞き取っているし、だからこそ発音もできるのだとか。耳が若いのですね。

でも、そんな子どもも母音を意識せずに年を重ねていくと、だんだん母音が聞き取れなくなる。発声もできなくなるのです。

みなさんの耳も一度衰えてしまった状態かもしれませんが、また鍛えればいいだけの話です。この2つの母音トレーニングを続ければ、きっと「あ・い・う・え・お」の5つの音を判別できるようになるでしょう。

脳トレにもよさそうなこちらのトレーニング、ぜひお試しくださいね。

4・舌を滑らかに動かすトレーニング

一般の方に「読み」のレッスンをすると、たいていの方が同じ場所で何度もつっかえてしまいます。それは、そこに舌がうまく動かせない音があるから。その音をハッキリ出すための舌の動きを、無意識に避けて発声してきたからです。サボっていたんですね。

ここでは、舌を目覚めさせるトレーニングをご紹介します。自在に動かせるようにほぐすことが目的です。

じつは……よくＹｏｕＴｕｂｅで見かける小顔体操は、アナウンサーが行う舌トレーニングそのものだったりします。ＹｏｕＴｕｂｅもインターネットもない新人の頃、「とにかく舌を動かしなさい」とベテランの先輩方に教わったりもしました。はたして小顔になっているかどうかは定かではありませんが、アナウンサーは一般の方より頬がすっきりとしていて、たるみやほうれい線などのシワが少ない気がしていますが（あくまで個人の感想です）。

さて、**舌のスムーズな動きは、きれいな発音とリンクします。**

舌は意識しないとすぐに動かなくなってしまうので、滑らかにする練習は継続が欠かせません。私も、ナレーションや司会の仕事は、次のトレーニングをしてから本番にのぞむようにしています。

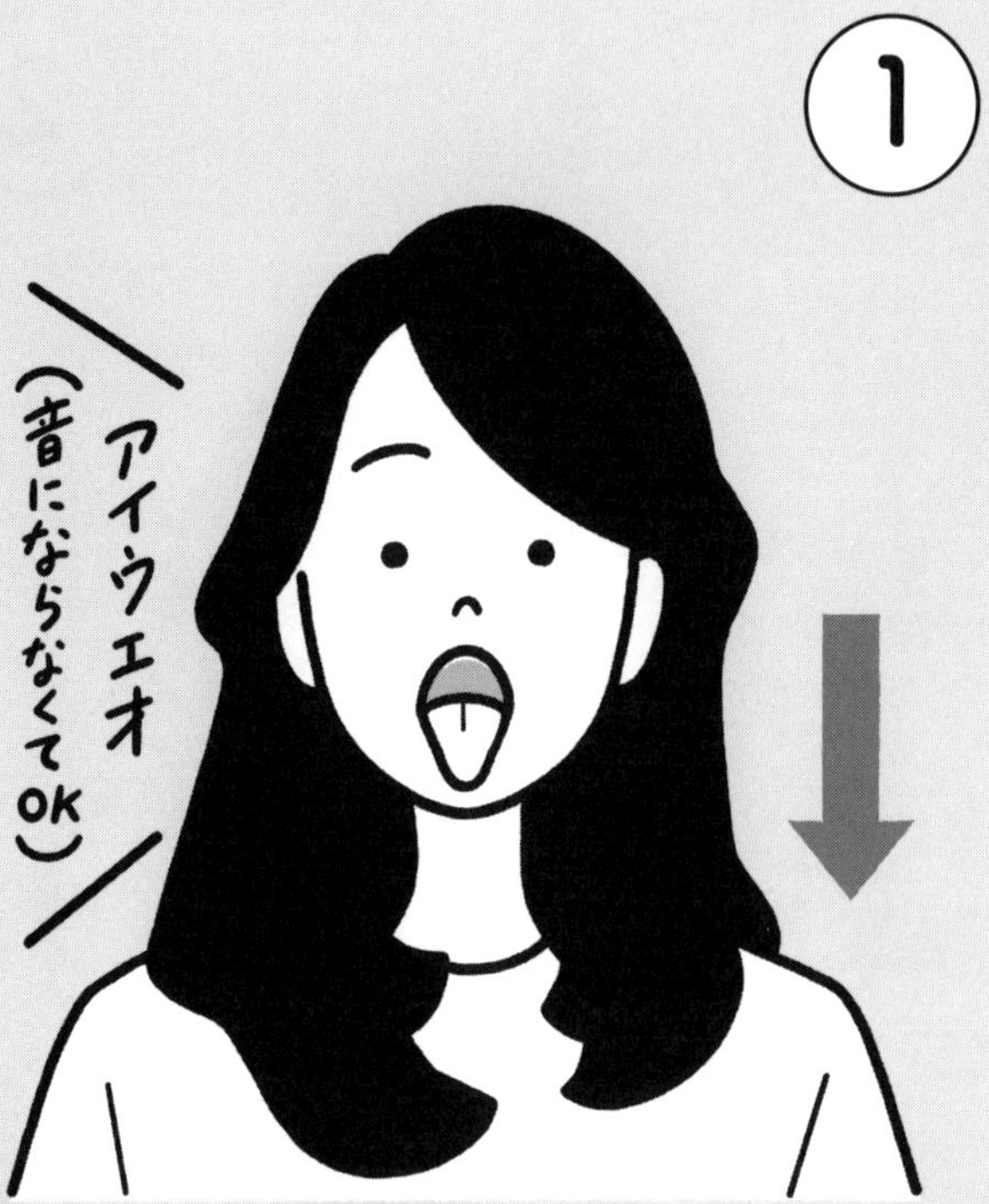

舌を思いっきり出し「あっかんベー」をする。
この状態で、「あいうえお」と発声練習。
このとき、あいうえおの明瞭な音は出ませんが、
舌の根本が、下がる。
一気に声が出やすくなります。

2

天井を向き、舌を出して、
東西南北（方角は適当で大丈夫です）に動かす。
目線は同じ方向に定めたままで。

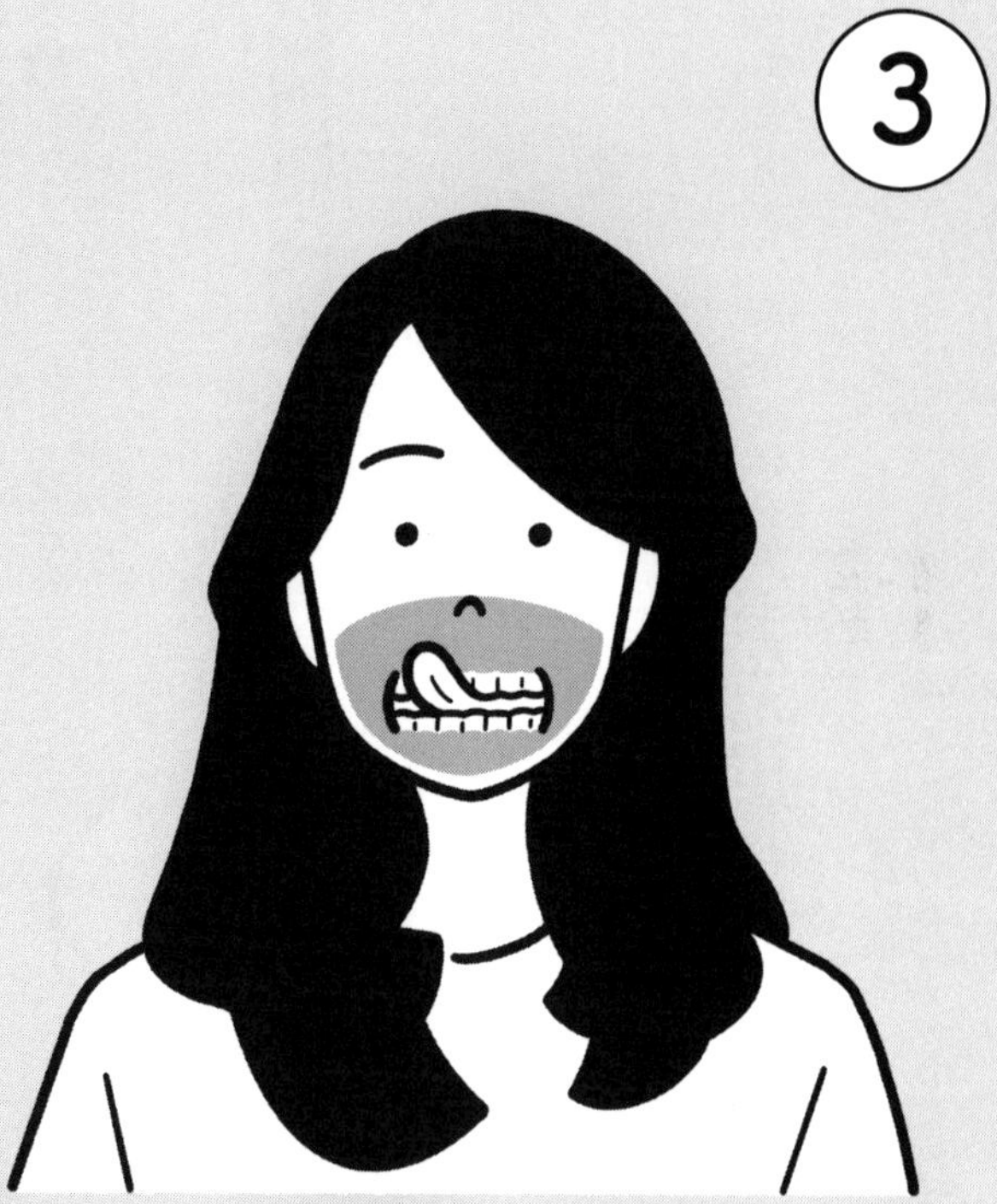

舌で、上下の歯茎前面と裏面をぐるりと舐める。
なるべく遠いところを舐めるように意識しましょう。
ほうれい線の裏も舌で押し込みながらなぞります。
とにかく舌を口の中でたくさん動かしましょう。
じんじんと痛くなってきますが、しんどくなってからが勝負です。

これらのトレーニングをすると、舌の付け根部分が下がり、喉がグワッと開くようになります。このトレーニングのビフォーとアフターで、同じ文章を読んでみてください。発声のしやすさがずいぶん違っていることがわかると思います。

5・腹式呼吸

ふだんの会話では、基本的に腹式呼吸は使いません。

海外の演劇指導でももはや腹式呼吸は使わないという話も伺ったことがあり、この本では「腹式呼吸は捨てよう」という項目を立てようかと思ったくらいです。

でもやはり、**ドシンと落ち着いた声を出したい「ここぞ」というときには、お腹から声を出す、声が身体を貫く腹式呼吸が頼りになる**のです。

では、どうやって腹式呼吸をすればいいのか。鼻から息を吸っておへその下、丹田《たんでん》にしっかり力を入れていきます。鼻から吸った息でお腹を膨らませて、口から息をふーっと吐き出せばよいのです。

もっと具体的に言うと、1.2.3と心でゆっくりとカウントしながら鼻から息を吸って、その倍の長さでゆっくり口から息を吐きだします。息を吐きだすときにはお腹を絞ってゆき、ゆっくりと口から息、そして声を押し出すイメージでやってみましょう。

一般の方がいちばん使うのは、やはりビジネスでの「舞台」、すなわち「決め」の瞬間でしょう。**大きなプレゼンや一対多の面接などでは、腹式呼吸を使うと声に張りが出て、効果的に聴き手に伝えることができます。**

ただ、腹式呼吸にとらわれて体が緊張したり喉を締め付けたりしてしまうこともあります。それだと力んだ窮屈な声になり、聴き苦しくなってしまうことも。

喉や肩甲骨、胸、すべてを開き、力を抜く。そして「自分の身体という楽器を使って全体から音を出す」という意識を忘れないでください。

ここまで5つのトレーニングをご紹介してきました。なかなか大変そうだし、地道だと思われたかもしれませんね。

声のトレーニングは「植物の水やり」のようなものです。

テレビ局に入社したアナウンサーははじめ、自分というプランターに種を植えたら、「水やり」をていねいに、1カ月以上かけて行います。そうして、基礎となる土壌をしっかり作りあげるんですね。豊かな土を作ることで、グングンと根を伸ばし、自由に花を咲かせることができるのです。

では、みなさんもこれらのトレーニングをコツコツ積み重ねないと、思いどおりの声を出すことはできないのでしょうか。よりレベルアップした「聴きポジ」につけないのでしょうか。……正直、それは大変です。せっかく本を読むくらい「聴く」に対してやる気を持ってくださっているのに、「数カ月間基礎練をしましょう」なんてストイックなこと、私も言えません。

そこで、次章です。5つのトレーニングと次章の「話し方」レッスンとの同時並行プランで、自分が思い描く声と話し方を手に入れてまいりましょう。

column 2

なぜ、声にもアンチエイジングが必要なのか

以前朗読劇で、90歳の役の語りをしたことがあります。しかし私は40代後半。低く、しわがれた老人の声に近づける必要がありました。

どうすれば90歳の声に聞こえるか試行錯誤をした結果、声をこもらせ、喉仏《のどぼとけ》をぐっと下げ（あくびをして「あー」と言ったときが喉仏が下がった状態です）、姿勢を丸めるようにして読むことにしたのです。

そして気づきました、これが年を重ねた人の自然な話し方かもしれない、と。

人間の声は、体や顔と同じように老化していきます。

具体的には、かすれて、張りが弱くなり、一音一音の粒立ちがなくなりあいまいに

なっていくのです。

たとえば「とても90歳とは思えない」と言われるようなご老人は、声に張りやツヤ、勢いがあり、聞き取りやすいイメージがありませんか？　逆に言えば、張りやみずみずしさを失い、なんと言っているのか聞き取りにくいような声が「老人っぽい」となるわけです。

人は、無意識のうちに声で年齢を判断します。

とくに2020年以降、マスクを着けてのコミュニケーションもすっかり定着しました。外していいと言われても、業界によってはマスク文化はそれなりに残っていくでしょう。

顔の半分が隠れ、口元が見えない時代。初対面の方や、マスク姿で接することの多い相手がもっとも年齢を判断しやすいのは、声だと言っていいかもしれません。

では、なぜ声は老化してしまうのでしょうか。

声とは、「閉じた状態の声帯を息が通る振動」で作られます。ですから、明瞭な声を出すためには、

①声帯をしっかりと閉じる喉の筋力
②柔軟に振動させる声帯の柔らかさ
③くっついたり離れたりする声帯の粘膜の湿り気

の3つが欠かせません。

ところがそれらは、年齢を重ねるに従って失われていきます。声帯の筋力は弱くなり、声帯は硬くなり、喉は乾燥していく。

すると、そこから発せられる声もしわがれたり、ざらついた声になってしまうのです。

一方、アナウンサーの先輩方は、高齢になられてもブレのない、明瞭な声を出され

ています。声や息遣いが太く安定しているのです。やはりこれは、「発声」の習慣が大きいでしょう。

舞台俳優さんや歌手とも違い、日常会話に近い言葉を正しくパブリックに発する鍛錬をしていますから、フラットなトークでも聴き取りやすい。そこに年齢を重ねたが故の落ち着きが加わり、なんとも美しく、つややかな声になっているのです。

みなさんにはぜひ、TBSラジオの遠藤泰子さんの声を聴いていただきたいと思います。驚くべきことにもう79歳でいらっしゃるのですが、すばらしい声です。

毎朝ニュースを読み続けているからこそキープされている、張りのある、安定感のある発声。30年前とまったく変わらない声質と滑舌に、惚れ惚れしてしまいます。

つまり、どういうことか。意識と継続次第で、私たち（男性も女性も関係ありません！）もそういう声になれる、ということですね。

第5章

よく「聴く」ために、話し方を育てる

「声」は、「話し方」の素材です。「話し方」がドレスだとしたら、「声」は布地。4章では、布の質や美しさを高める方法をお伝えしてきました。

しかし、この布は急には高品質になりません。トレーニングは継続が不可欠。キャリア30年が見えてきた私も、いまだに続けています。

とはいえ、声が育ちきってから話し方を練習しはじめるのでは、遅すぎる。ということで、本章では「聴きポジ」**としてどんな話し方をどのように会得すればいいのか、**レッスンしていきたいと思います。

思い描いたとおりの話し方、相手に与えたい印象の話し方を、「なるはや」で会得する方法です。

コツコツ続けた声トレーニングと、テクニック的な話し方レッスンが合わさったとき、自分の「聴き方」を自由自在にコントロールできるようになるはずです。

堀井流、話し方レッスンの4ステップ

堀井流の「話し方育て」は、はじめに目指す人物の話し方をコピーしてしまう、ショートカット式。次の2ステップから成ります。

1・話し方の目標（理想）を決め、その話し方をコピーする
2・借りた話し方を「本物」にするため、4章のトレーニングで声を鍛える

どれだけ上手に理想の話し方をコピーしてマスターしても、素材としての声の力がついていなければ、正しい発声にはなりません。声がうまく乗らなかったり、不安定になったり、スムーズに口から音を出せなかったり……。

だから、コピーするのと同時進行で、4章でご紹介した「声トレーニング」を続ける。声の地力を鍛えていくのです。

そうすると、**いずれ「声の地力」が「目指す話し方」に追いついて、いつの間にかほんとうに自分の話し方になる**、というあんばいです。

早速、どのように話し方をコピーしていくか、堀井流のレッスンをご紹介したいと思います。次の4つのステップからなります。

> **1・目指す話し方の人を見つける**
> **2・ワンフレーズずつシャドーイングする**
> **3・一緒にしゃべる**
> **4・ひとりでしゃべる**

ひとつずつ見ていきましょう。

1・目指す話し方の人を見つける

まずは、あなたが「こんなふうに話せるようになりたい」と思える人を見つけましょう。話し方と言っても、本書のゴールはよい「聴き手」になること。ですから、**「どんな聴き手になりたいか」を念頭に考えてみてください。**

- 後輩が増えてきたから、安心して相談してもらえるような、包容力のある聴き手になりたい
- 社外の人とミーティングすることが多いから、知的で、かつ信頼される聴き手になりたい
- はじめての人たちとの飲み会に苦手意識があるから、楽しそうに話を引き出せる聴き手になりたい

そして、それらのイメージにフィットする話し手を探してみます。できれば身近な

人よりも、**フィクションの登場人物や著名人など、「話し方の素材」を集めやすい人**がいいでしょう。なかでも、映画やドラマはキャラクターが明確なのでおすすめです。「こういう印象を与えたい」という話し方を見つけ、お手本に決めましょう。

- みんながイメージする「大企業の社長」のような、重厚で信頼感のある印象を持たれたい
- 米倉涼子さんが演じる医者のように、勝ち気なキャラになりたい
- 福山雅治さんのように、色っぽさで勝負していきたい
- 石田ゆり子さんが演じることの多い女性のように、おだやかで優しい人だと思ってもらいたい

最近だとポッドキャストやYouTubeなどで、さまざまな属性やキャラクターの人の話し方を採取することもできます。

せっかくですからいろいろな番組を聴いて話し方をチェックし、「どんな印象を

持ったか」をメモしていくことをおすすめします。

> ・中田敦彦さんは、とにかくかしこそうだし自信がありそう
> ・仲里依紗さんは元気でタフそうに感じる
> ・川口春奈さんと本田翼さんは、どう違うかな？

内容ではなく声や話し方に注目してみると、たくさんの気づきがあると思います。耳をフル活用していきましょう。

また、日常のシーンごとに使い分けていく人物像を決めるのもいいでしょう。**ママ友の前では俳優の○○さん。後輩の前では起業家の○○さん。初対面の仕事相手にはドラマ「△△」の○○さん。**

そんなふうに、声を着せ替えていく。「『相手によって態度を変える人』だと思われるのではないか」と心配になるかもしれません。「ぶりっこ」のように嫌われてしま

うのではないか、と。

でも、思い出してみてください。

実家のお母さんが電話しているとき、ふだんと違う声を出していませんでしたか？ さっきまで自分をめいっぱい叱っていたのに、自宅の固定電話が鳴って受話器を取ったらもう、一瞬で、ちょっと高めの声になって「はい、○○でございます」と応える。

声を着せ替えるのも、同じこと。コミュニケーションの取り方というのは、相手によってまったく違ってくるものです。

私も、ナレーションはもちろんのことですが、たとえば取引先と家族に対してはそれぞれまるで別人格の声が出ています。とくに受験生時代の息子と接していたときの声は、とてもお聴かせすることはできません。

それぞれの相手にとって心地よい聴き手になるために、遠慮なく声を着せ替えていきましょう。

2・ワンフレーズずつシャドーイングする

シャドーイングは英語学習でよく使われる方法です。音声を聞き、それをマネして発音する訓練法を指します。若い方だと、ユーチューバーのｋｅｍｉｏさんがこの英語学習法をおすすめしているのをＳＮＳで目にしたことがあります（ｋｅｍｉｏさんは英語を話せないまま渡米して、いまやペラペラなのだとか）。

シャドーイングは、私がアナウンサーの指導で取り入れている方法でもあります。いくら指導してもどうしても話し方が直らない、クセが抜けない人には、「一回私についてきてください」とワンフレーズずつマネしてもらう。何度か繰り返すだけで、それまでのクセがたちまち直ってしまうのです。

きっと頭ではなく「耳で覚えている」からでしょう。**マネすることで、間合いやテンポ、抑揚を捉えられる。舌を動かせるようになっていく。**シャドーイングの効果は絶大です。

シャドーイングできないときも、「耳を慣らす」方法はおすすめです。自宅にいるときに音声を流したり、通勤中にイヤホンで聴いたり。理想の話し方を耳になじませることで、習得までの期間がぐっと短くなります。

3・一緒にしゃべる

2で、あとについて話すことができるようになったら、次は音声と声をそろえて話します。これも英語学習で使われる方法ですね。

イントネーションや間《ま》、テンポまで「完コピ（完全コピー）」しないとすぐに置いていかれたり、逆に先走ったりしてしまいます。「一緒にしゃべる」までできたら、もうその話し方はあなたのもの！

4・ひとりでしゃべる

仕上げです。コピー元からの自立を目指していきましょう。ボイスメモで録音して聴いてみて、いまいちな箇所があったら2や3に戻る。イントネーション、間、テンポなどをひとつずつ確認していきましょう。

こうして自分の声を正しく「聴ける」ようになると、相手の声もよく聴けるようになっているはずです。**自分が相手に抱くイメージが、どのような話し方によって与えられるかがわかるようになる。**

たとえば「威圧感があるのはこういう話し方だからで、ほんとうに怖いわけではないかもしれない」と落ち着いて対応できるようになります。

話し方を磨くことで、「聴きポジ」としてのステージも上がっていくのです。

理想がなければ、まず自己分析

ここまで、「理想の話し方」がすでにはっきりしている方のトレーニングについてお話ししてきました。

ただ一方で、「理想の話し方がわからない／とくにない」という方もいらっしゃるでしょう。なんとなく自分の話し方に不満があるし、自信もないのだけれど、じゃあどうなりたいかというといまいちよくわからない……と。

そういう方は、次の3ステップがおすすめです。

1・長尺で（長い時間）自分の話し方を聞く

2・クセに気づく（なぜ好きではないか、どうなるといいか）
3・具体的に欠点がわかったら、「反対側」の話し方をコピーする

1・長尺で（長い時間）自分の話し方を聞く

しっかりじっくり、自分の話し方を聞くことからはじめましょう。

いまの時代、動画を撮ることも増え、昔よりは自分の声を耳にする機会は増えています。でも実際、自分の声に「しっかりと」向き合うことってなかなかないと思うのです。しかも、だれかとの「会話」は。

ですからまずは、**ある程度まとまった時間、「会話」を録音してみましょう。**

長尺と言っても、5分以上あれば充分だと思います。スマホのボイスメモ機能を使ってもいいですし、録音してあるオンラインミーティングなどもいい素材になりますね。

話し方を会得する目的は、良い「聴き手」になること。つまりコミュニケーションありきですから、ここは本の朗読などではなくリアルなやりとりを録音するのがいいでしょう。

2・クセに気づく（なぜ好きではないか、どうなるといいか）

自分の会話中の声や話し方をめげずに何度も聴いていると（たいていの方は、「こんな気持ち悪い話し方をしていたのか」と愕然とします）、具体的に話し方の「クセ」や「欠点」が見えてくるはずです。

- **話しはじめで、つんのめりすぎる**
- **思っているより滑舌が悪かった**
- **声の抑揚がなさすぎて感情が伝わらない**

そんなふうに自分の「好きではないところ」が見えてきたら、チャンスです。意識するところが明確になっただけ修正しやすくなるということですし、その反対の話し方をする人を見つければ、それは「コピー元」の候補になるのですから。

3・具体的に欠点がわかったら、「反対側」の話し方をコピーする

たとえば、「語尾がはっきりしないから自信がなさそう」と感じたのであれば、テキパキ話すドラマの賢いキャラクターや、インターネットにアップされているプレゼン動画（ＴＥＤなど）を見てみる。どのように語尾を処理しているかがわかるでしょう。

また、「抑揚がなくて、心が動いていないように聞こえる」と感じたのであれば、たとえばアンミカさんがどんな話し方をしているか聴いてみる。

アンミカさんは出だしの一音と、語尾の一音が人よりも少し強いです。冒頭のアタックの強さでひきつけ、語尾の押しの強さで説得力を持たせる。

こんなふうに話せば、「ほんとうに感動したことが伝わるんだ。より一層、自分の気持ちをアピールできるんだ」とわかるでしょう。

もちろんここまで分析できなくても、印象さえつかめていればＯＫです。

もし、２で具体的なクセがわからなくても大丈夫。Ｐ１８９で説明したような方法で有名人の話し方の印象をメモしたように、**自分の声が耳に入ったとき瞬間的に抱く印象をメモしていくといいでしょう。**

「バカっぽいなあ」など受けた印象でもいいですし、「ねちょねちょしている」といった音から抱く印象でも構いません。そこを直すために、声を出し方を変えてみるのです。

たとえばバカっぽいと感じ、知性を感じる話し方を目指したいと思った場合、「やや早口」＋「強いｔ」の組み合わせ（子音についてはＰ２０３でお話しします）を意識してみる。

また「知性的な話し方」のイメージから、コピー元を探すのもＯＫ。グローバルで活躍しているビジネスパーソンが話している動画を見たり、映画やドラマで弁護士や医師といった頭脳派の役どころを探してみましょう。

印象を決める3大要素を使いこなす

あなたがなんとなく選んだ、好ましい話し方。

あなたがなんとなく毛嫌いする話し方。

それらの話し方をひとつひとつ分析すると、じつは3つの要素に分解することができます。この組み合わせが、人に与える印象を決めると言ってもいいでしょう。

1・話すスピード
2・高低

1・話すスピード

スピードが左右するのは、知的さと明るさ。スピーディーに話せば機転が利く人や外交的な人に、ゆっくり話せば思慮深い人だと感じてもらえます。

すぐにでも**話し方を操りたいときは、まずこの「スピード感」を意識するのがいいと思います。**スピード感を相手に合わせるだけでもグッと話しやすい雰囲気を出せますし、打ち解けやすくなります。

とくに**話しはじめ、冒頭のスピードが大事です。**相手はこの部分で、「この人はどんなキャラクターか」を判断し、心構えをしています。同じ「そうですね」でも、短く「そうですね」と切り込むのと「そうですねえ」と言うのでは、印象は大きく異なります。

また、場の雰囲気を変えるために、スピードを「使う」こともできます。

たとえば、**もう少しだけ場を盛り上げたいと思ったときには、ややテンポを早める。**場が殺伐としていて落ち着かせたいときは、気持ちゆっくりめに発声する。舞台演出家になった気持ちでテンポを調整し、場のテンションを動かしましょう。

2・高低

声の高低が左右するのは、落ち着き。

高い声は軽やかで若々しいイメージ、低い声は安定感のある、人生の経験を重ねてきたような印象を与えることができます。

こちらは、ベースとなる音（＝話し出しの音）をいつもより少し高く設定したり低めに設定したりすることで、全体を調整していきましょう。

まず、自然に「おはようございます」と言ってみてください。

次に「お」の音を下げて「おはようございます」、「お」の音を上げて「おはようございます」。

どうでしょう。**1音目の高低によって、全体の高さがそのまま動く**のがよくわかるのではないでしょうか。

基本的に、低い声のほうが出しにくさを感じると思います。低い声を無理なく出せるようになりたいときは、私が以前取り組んだとご紹介した、音域を広げるトレーニング（P151）にトライしてみるといいでしょう。

また、**低い声は、喉仏の位置を下げることで出しやすくなります。**P179でもご紹介しましたが、あくびをして「あー」と言ったときが、喉仏が下がったポジションになります。あくびが終わったらそのまま声を出してみて、喉仏が下がった状態を身体に覚えさせてください。

3・子音

それぞれの子音には、その音が「与える印象」があります。

言葉の語感と与える印象は連動しているものが多いですから、そのイメージ（音《おん》象徴《しょうちょう》）を上手に使うことが大切なのです。

たとえば上品に聞こえるようにしたいときは「s」を意識してはっきり空気を出す、というように、子音を正しく発音することでその印象を強く与えることができます。じつはアナウンサーも、場に応じて意識して発音を変えています。

子音にはたくさんの種類がありますが、ここでは印象を大きく左右する5つの音を挙げたいと思います。それぞれの音をどのように発声すればいいか、説明していきましょう。

「s」（さ・し・す・せ・そ）が司る印象……上品さ、公式感、きれい

調音点（どの場所で発音するか）は歯と歯茎の境目ですが、発声するときは上の歯と下の歯の間から、混じり気のない息を出します。歯と歯の中央部から、細い線で出すイメージ。相手の耳に繊細な音が残ります。空気の動きを意識してください。

［例］「よろしくお願いいたします」の「す」、「そうですね」の「そ」を意識して空気を強めに発すると、綺麗に聞こえて、上品な印象になります。

「t」（た・て・と）が司る印象……快活・機敏・頭のよさ

破裂音です。舌を上の歯茎と歯の境目くらいに当て、舌を離すときに勢いよく弾き、息を破裂させます。鼓笛隊の小太鼓の軽快さをイメージして発声しましょう。

［例］「でした」の「た」、「とても」の「と」「て」を意識して弾くと、ワクワクした気持ちが伝わります。

「k」（か・く・け・こ）が司る印象……誠実・力強い・真面目

試しに「か」と言ってみてください。口の中ではなく、喉の奥のほうから音が出てくるのがおわかりでしょうか。この喉から出てきた息を、口の中でこもらせずに前にはっきりと、強めに押し出します。「こ」も同様に、かたい息として輪郭を持たせるイメージで。

［例］「かなり」の「か」、「このように」の「こ」を強く前に飛ばすと、力強い自信を感じさせます。

「p」（ぱ行）が司る印象……ユニーク・遊び

p音は、喉を使わない無声子音。唇を上下に開くときにうまれる破裂音です。ポイントは、唇を怠けずに使うこと。軽く閉じるだけでも出せる音ですが、思いきり弾いて前に出しましょう。

[例]「ちょっぴり」の「ぴ」を強めに弾いて発声すると、チャーミングな印象になります。ぱくぱく、ハッピー、ぴったり、ポテトなどもです。

「m」(ま行)が司る印象……柔和・ゆるやか・和み

鼻の奥を震わせる(共鳴)よう意識してから唇を上下に開けます。発する前にほんの少しの余韻(まったり感)をつくることで、柔らかい言葉の印象になります。大げさに書くと、「んーま」という感じです。

[例]「まかせて」「まるで」の「ま」。鼻の奥で振動を感じてから発声すると、おだやかな印象になります。少し色っぽさが出ることも。

スピード、高低、子音。この3つの要素を意識すると、話し方を自在にコントロールできるようになります。たとえば、信頼感のある社長のような印象を相手に与えたいのであれば、次のような組み合わせになります。

- **スピード↓ややゆっくり**
- **高低↓低め**
- **子音↓「k」を意識**

一方、快活で勢いのある会社であることをアピールしたかったら、スピードを速め、高さはふつう、意識する子音を「t」にする、というわけですね。

いきなり3つとも意識するのはむずかしいので、**スピード↓高低↓子音の順で試していくのがいい**と思います。

もしコピーしたい話し方の人がいなくても、この3要素を意識できればある程度、話し方は変えられます。たとえば「もっと親しみやすい人間だと印象づけたいな」と思ったときに、どの要素を組み合わせればいいかその場で意識できるようにもなるはずです。

声は、どれだけトレーニングしても100パーセント変えることは無理です。でも、間合いやテンポ、高低などを変えることで、相手に与える印象をガラリと変えることはできます。たとえば**同じ「ハスキー」な声の人でも、声を出すときの意識を変えれば、まったく違う印象を与えることができる**のです。みなさんもレッスンを通して、**「話すスピードが速すぎたから、後輩に相談してもらえなかったんだな」「ママ友を作りたかったのに、仕事モードの話し方をしていたな」**といった気づきがあったかもしれませんね。

本書では、相手に心地よく話してもらったり、話の流れを決めたり、場の空気をコントロールするのが「聴きポジ」の役目だとお伝えしてきました。話し方をマスターすれば、よりこれらを実践しやすくなると思います。

ぜひ明日から、実際の会話の場で少しずつ試してみてください。そして水面下では、声のトレーニングもお忘れなく！

column 3

声を鍛え続けないと、どうなるか

年齢を重ねると、具体的に私たちの「声」には何が起こるのでしょうか。

まず、声帯が変化すると、女性は声が低くなり、男性は少し高くなると言われています。出せる音自体、変わってくるわけです。

また、一般的に年を重ねれば体を支える筋力が落ちますから、猫背になったり首や肩も前に出てきます。姿勢が悪くなりますから、発声のボリュームや張りも落ちます。さらに口周りの筋力が衰えますから、無意識にラクな口の開け方を選んでしまう。結果的に、一音一音があいまいになってしまうのです。

また、口周りの筋力の持久力が落ちてしまうことで、話すこと自体が疲れるようになってしまう人も少なくありません。

しゃべることで疲れやすくなると、表情も乏しくなっていくでしょう。

さらにほかの問題点もあり、最近では声帯の萎縮や筋力の低下によって、誤嚥《ごえん》性肺炎の危険が高まることも指摘されています。


このように、思い通りに口元を動かせない自分は、まだまだ想像できないかもしれません。けれど老いと声には、切っても離せない関係があるということは頭に入れておいていただきたいと思います。

脅すつもりはありません。でも対策を講じるのと講じないのでは違う未来が待っているということをお伝えしたいのです。


また、自分の声をだれよりも聞いているのは、自分自身です。そして私たちの脳は、「音」から多くの情報を得ています。

つまり、自分の老化した声を聞き続ければ、セルフイメージや気持ちまでだんだんと年老いていってしまいます。衰えた自分の声がイヤになってしまって、言葉でのコミュニケーションを避けてしまう可能性だってある。

しかしこれは言い換えれば、張りのある自分の声を聞けば、脳は活性化されると言えるのではないでしょうか？「まだまだ若い！」と無意識に自分をイメージづけることができる。そう信じて、私は声を愛で、磨き続けています。

ただし、これだけはどうしてもお伝えしておきたいのですが……おじいさんやおばあさんの声には、深い味があります。私は、彼らの声がとても好きですし、尊敬しています。「人生は声に乗る」と言われていますし、写真家の土門拳さんは「教養は声に出る」ともおっしゃっています。

ですから、年を重ねること自体に怯えなくてもいいし、臆することもないのです。ただ、いつまでも自分の声や話すことを楽しむために、早いうちから声のアンチエイジングを意識する。どれだけアンチエイジングをしてもそこには人生が宿っていきますから、それを楽しみにして生きていきたい。そんなふうに思うのです。

第6章

対談「聞く」とは何か

阿川佐和子さん

阿川佐和子（あがわ・さわこ）エッセイスト、文筆家。1953年、東京都生まれ。1999年『ああ言えばこう食う』（檀ふみとの共著）で講談社エッセイ賞、2000年『ウメ子』で坪田譲治文学賞、2008年『婚約のあとで』で島清恋愛文学賞、2014年に菊池寛賞を受賞。その他『聞く力　心をひらく35のヒント』『ばあさんは15歳』『ブータン、世界でいちばん幸せな女の子』『強父論』『母の味、だいたい伝授』など著書多数。

「聞くときの私は、我慢している」——そう語るのは170万部を突破した大ベストセラー『聞く力』の著者であり、テレビ番組の司会や『週刊文春』のインタビュー連載「阿川佐和子のこの人に会いたい」で知られる阿川佐和子さん。今回、私堀井からの熱烈オファーを快く受けてくださり、「聞くこと」についてたっぷりお話しすることができました。阿川さんならではの聞く姿勢、聞くときに考えていること、そして私とのスタンスの違い。みなさまにも、阿川さんのチャーミングさと、聞くことの奥深さが伝われば幸いです。

あなたという人間に、興味があるから

堀井 「聞く」と言えば、阿川さん。いわば「聞く人」界の巨匠とお話できるなんて、ほんとうに光栄です。

阿川 何をおっしゃいますやら！　だって堀井さんのほうがはるかに「ちゃんとしたプロ」じゃない。私はもう、なし崩し的に聞くことが仕事になって、気づけばここにいるってだけですから。仕事以外ではマイクを持ったら離しませんし。

堀井 （笑）。私のインタビューは、基本的にはディレクターが作った台本がベースにあります。ひとりで自由にインタビューするってことはあんまりないんです。台本の質問に対する答えから、気になった部分を深掘りしたり、場をいい雰囲気にしたり……という役割で。「サワコの朝」を拝見したとき、阿川さんは台本に縛られず自由に聞いていらっしゃるのかなと感じたのですが、いかがですか？

阿川 そうですねえ。そもそも、「サワコの朝」の放送は『週刊文春』の連載と同時期だったんですよ。媒体は違えど両方とも「聞く」仕事でしょう？　私の中で区別がつかなくなりそうと思ったし、あとから始まった「サワコの朝」のほうは、映像だからこそできることを実現したいなと思って。

堀井　はい。雑誌や活字ではできないことを。

阿川　そう。だから音楽を流すことにしたんです。ラジオみたいに、「ちょっとここで曲に移りましょう」って。そのタイミングは自由だし、「じゃあそろそろ曲へ……」って言いながら全然違うところに話を飛ばすこともできるし、その曲を聴いてゲストが思い出したことを深掘りすることもできる。ということで、おっしゃるとおり、台本はいちいち無視していましたね。

堀井　いちいち無視して（笑）。

阿川　だって、すでにできあがったものを追っかけてるとね、聞いてる気持ちにならないんです。質問事項をなぞることに意識が向いちゃうから。

堀井　あのライブ感はそこから生まれてたんですね！　それでいうと、阿川さんはインタビュー対象者についてどれくらい事前に調べますか？　どれくらいの情報を仕入れていくか。

阿川 う、それは……。聞き返して恐縮ですが、堀井さんはいかがですか？

堀井 私は結構、しっかり調べていくほうだと思います。

阿川 エライ！

堀井 でも、『聞く力』にも「あまり調べすぎないほうがおもしろい話を引き出せることもある」って書いてありましたでしょう？　プロとして最低限は調べるけれど、きっちり調べると余白が生まれず、生っぽくならないと。そのとおりだと思う一方で、未だに「エイヤ」で場にのぞむ勇気がないんです。たとえば福岡出身の方へのインタビューだと、福岡のおまんじゅうの話になるかも……と、銘菓について調べたり。

阿川 はあー！

堀井 たいてい、話には出てこないんです。調べたものの9割は使わない。でもときどきそれで話が大きく弾むこともあるし、相手の話を受け止めたい、次につなげたいって思いが強すぎるんですね。

阿川 いやあ、ほんとうにエライ。あのね、私も不安なのですよ。不安のままのぞんでいるだけ（笑）。『週刊文春』で連載を始めたころは編集者も「コイツ、何も知らないな」ってすごく心配だったらしくて、大きな紙袋2つにぎっしり資料を詰めて持ってきていました。しかも相手が小説家だと、「最低3冊は読んできてください」とか言うの。次のインタビューまで1週間しかないし、そもそも私、読むの遅いのに。山崎豊子さんにお会いするときなんて、せめて『大地の子』だけは読んできてと担当に言われたんですが……あれって上・中・下巻なんですよ。しかも2段組みの！

堀井　大作ですものね。1週間だとむずかしいです。

阿川　でしょう？　読みながら「なんてかわいそうな話なの」とおいおい泣くんだけど、ふと気がつくとまだ上巻の前半。「間に合わない！」と中巻に飛んで、ページをめくってまたおいおい泣く。それでもやっぱり間に合わないから、最終的に50ページ飛ばしの勢いでなんとか下巻まで読んで本番に向かって。山崎さんには「すばらしい作品で、4回泣きました」と言いました。そしたらすごく喜んでいただいちゃったんですけど（笑）。

堀井　ウソではない（笑）。

阿川　やっぱりね、堀井さんみたいにちゃんと調べてくる聞き手のほうがゲストもうれしいものだし、いい加減にしちゃいけないと思いますよ。でも……私は、資料を全部読むと、会ったような気になっちゃうんです。あれもこれも知ってるし、このエピソードは5回読んだなとか、身体に入ってきちゃう。そうすると、確認するためのインタビューになっちゃって、面白くなくなる気がするんです。……ハイ、これ、すべて言い訳ですけどね。

堀井　いえいえ（笑）。阿川さんは、生の会話でその場の船頭になられるんですよね。私は脳みそにルートを入れ込んでから出港するタイプなので、その自由さにすごく憧れます。

阿川　でも、自分では聞くのがうまいとは全然思っていないんです。以前お話を伺ったんですけどね、谷川俊太郎さんって高校卒業してやることがなくて、友だちの影響でなんとなく詩を書いてみたんですって。それで18、19歳でデビューしたんですけど、詩を書く仕事を選んでよかったと思い始めたのはなんと40歳を超えてから。

堀井　ええー！

阿川　「ずっと詩は苦手だと思っていた。でも、仕事にするのは少し苦手なもののほうがいいんじゃないか」というようなことをおっしゃっていて、それは私の慰めになりましたね。インタビューも文章を書くこともとっても苦手で、できればやらないで生きていきたいんだけど、ひょんなことから「コイツにインタビューをさせたらおもしろいんじゃないか」って言ってくださる人がいて。「できない！」って泣きながら、「できるよ」って言葉がうれしくて必死になっていたら続いただけなんです。

堀井　苦手な「聞くこと」を克服するために、どんな意識を持ってこられましたか？

阿川　ひとつ気をつけていることがあるとすれば「知ったかぶりをしないこと」。賢ぶらない、というのかな。私、スポーツするのは好きなんですけど、見ることにあまり興味がなかったんです。だからルールや歴史、スター選手なんかはちっともわからない。失礼にならないように事前に勉強はするけれど、昔から知ってたような顔はしないように気をつけています。

　というのも以前、貴乃花関にインタビューしたとき、「最後に今場所の目標を教えてください」って言ったら「ぷっ」て吹き出されたことがあったんです。「えッ、なんで笑うんですか」って聞いたら、「阿川さんが相撲の質問をするから」。自分ではずっと相撲の質問をしていたつもりだったのに全然そうじゃなかったらしくて、ああ、知ったかぶりしてもプロには見透かされるんだなと、よーくわかりました。それ以降、「勉強したけれど、正直よくわかってません。でも、あなたという人間に興味があります」っていう態度を取るようになりましたね。

堀井 ああ、人間に。それは本音ですものね。

阿川 そう。「なんでそこでやめなかったんですか」とか、「なんでもう一度立ち上がろうと思ったんですか」とか、「ふつうに考えたらおかしいでしょ」って私が思うところを聞いていく。結局それがいちばん、自分も楽しめるんです。

あるとき、故・野村克也監督にインタビューすることになったんですよ。まずは詳しいスタッフにレクチャーしてもらって、「ふむふむ。ところでヤクルトはセ・リーグだっけ？　パ・リーグだっけ？」なんて質問したらそのスタッフの顔が青くなったの。

堀井 （笑）

阿川　それでいざ本番。そのときはサッチー（野村沙知代夫人）さんもご一緒で、おふたりの迫力にもうガッチガチに緊張してたんだけど、なんだか……夫婦《めおと》漫才みたいだったの。監督が「人生とは」「野球とは」と話すと、「またこの人は、とは、とは、とは、って、何でも『とは』なんだから」とツッコミを入れる。思わず「ふだんもこんな感じなんですか」と聞くと監督が、「そうだよ。こっち（夫人）はさ、外から帰ってくると靴ポンポンって蹴散らして上がっていく。それを僕が揃えるんだ」って。「そういう夫婦関係なんだ！」っておどろいて根掘り葉掘り聞いて誌面に載せたら、「今までのスポーツ新聞には書かれてこなかった内容だ」ってほめられたんです。

堀井　その業界の常識がわからないからこそ、好奇心の赴くままに聞いたらおもしろいお話を伺えたんですね。自分が「どうして？」「どういうこと？」と疑問に思ったこと、引っかかりを感じたことを深掘りして聞くのは、むしろ台本やテーマのない日常の会話ではいちばん大切なことかもしれません。

「聞く」の正解は、ひとつじゃない

阿川　あのね、堀井さん。今日申し上げることがあるとしたらこれだなと思って、ひとつだけ決めてきたことがあるんです。

堀井　(背筋を伸ばして)はい!

阿川　この本のゲラを読んで、堀井さんは聞くことに関して「プロ中のプロ」なんだなとしみじみ感心しました。マナーで言えば「フォークとナイフはこういうふうに持つとエレガントです」とか「お箸はこう持つと美しい」ということを知識として持っていて、さらに完璧に実行してらっしゃる。私はそういう訓練を一切受けたことがないから、こういう雑駁《ざっぱく》な感じになったわけですけど。

堀井　いえいえ。

阿川　でもね、私たちみたいにお金をもらって「聞く」を仕事にしなくたって、みんな「聞く」「答える」ことを毎日朝から晩までやって生きているわけでしょう?　つまり、ひとりひとりの人生で培われてきた、それぞれの聞き方ってものがあると思うんです。歩き方とかくしゃみの仕方みたいに、教わることなく自然と。私が「相づちはこれぐらいの頻度がいいですよ」って言っても、まったく違うやり方でうまくやってる人もいます。

堀井　ええ。声の出し方、間の取り方、呼吸の入れ方……ぜんぶそうですね。

阿川　たとえば私は、意識しないと自分とテンポが違う人に合わせられない人間で、今日みたいにひたすら自分が話してしまうという特性を持っている（笑）。一方で、ちっとも意識しなくても、存在だけで「この人に話してみたい」と思わせる聞き手もいる。だから、「聞く」って杓子定規に「これが正解」「こうしなさい」って決めるものじゃないなとしみじみ思うんです。

堀井　おっしゃるとおりだと思います。

阿川　もちろんひととおりはね、基本を学ぶことは大切だと思います。とくに悩みや不安がある人は堀井さんの本と私の『聞く力』を読んでいただいて（笑）、自分に合いそうなところを実践してみたり、足りないところを補ったりしていけば、きっとお役に立てるでしょう。でもその上で、自分らしい聞き方とミックスしていくことではじめて「いい聞き方」になるんだと思います。だって、みんなが同じ聞き方してたら、ちょっと気持ち悪いじゃない。

堀井　まず「守破離」の「守」である基本や、プロや先人が共有する経験を知って身につけるところからはじめても、それは決してゴールではありませんよね。どこかで自分らしい「聞く」を探っていかないと、結局は人と人とのコミュニケーションですから。同じ「聞く」仕事をしている阿川さんと私でもずいぶん違いますし、それくらい正解はないものだと思います。

それでいまふと思い出したんですが……先日、料理愛好家の平野レミさんとお仕事させていただいたんです。

阿川　ま、続けざまに奔放な人間に会って、ほんとうにお疲れさまですこと（笑）。レミさんは、私の比じゃないくらい自由な方ですからね。人からはどっこいどっこいだと言われますけど。

堀井　ふふふ。それでレミさんがおっしゃっていたのは「私、料理って全然習ってないの」ということで。レミさんは初めて料理を作ったとき、うどんとトマトと何かをごちゃっと混ぜて煮たんですって。私は「斬新すぎる！」って衝撃を受けたんですが、「みんな、コレとコレを合わせれば正解とか、先に形を決めちゃうでしょ。それが駄目なのよ。おいしそうなものとおいしそうなものを混ぜちゃえばいいの」っておっしゃっていました。

これ、今のお話とも通じますよね。型を気にしすぎず、好奇心に委ねる。煮たいものを煮て、聞きたいことを聞く。そのときの興味関心を相手に伝えることで、レミさんの料理みたいに会話が自由にふくらんでいくんだなって思いました。

阿川　うん、おっしゃるとおりですね。目指せ、平野レミ……としていいのかはちょっと悩ましいけれど（笑）。

「聞かなきゃいけないこと」より「聞きたいこと」

堀井　阿川さんはプライベートではおしゃべりなタイプで、「聞くときは我慢している」とおっしゃっていますよね。私はプライベートではあまり話さないので、真反対だなと。

阿川 そう、本を読んで驚きました。「アナウンサーなのに?」って。

堀井 「読む」のは好きなんですが、自分のことを聞いてほしいという気持ちがないんです。それよりも人の話を聞いて、「ほおーっ」って思ってるほうが幸せで。とにかく、新しいことを知るのが楽しいんですね。

阿川 幸せの場所がそこなのね。

堀井 はい。盛り上げたい、目立ちたいと思わず。ずっと人を見て聴いています。

阿川 まあ、自分が恥ずかしくなってきちゃう(笑)。ちょっと前に亡くなられたグラフィックデザイナーの長友啓典さんとはご近所さんで、一緒にゴルフに行くときは私が運転手になってゴルフ場にお連れする「道中の友」だったんですね。年はずいぶん離れていたんだけども。で、その車中で長友さんと私がどんな会話をしていたかというと……「こないだAさんに会ったんやけど、オモロイ服着ててなあ」「へえ！」それで思い出したんだけど、Aさんって交通事故に遭ったんですって」「ほー！ 交通事故といえば僕は昔フロリダで大事故にあってな」「ああ！　フロリダといえば」ってな感じで、エンドレスしりとり歌合戦。

堀井　あっはっは！

阿川　人の話を聞くと、私の引き出しが動き出すんです。相手の話の中の「ひらめく言葉」が、自分のしゃべりたいことを連れてくる。「聞く」ときはその「ひらめく言葉」から次の質問が浮かんでくる。だから、段取りどおりにいかなくなるのね。

たとえば料理人の方のお話を聞いていて、「中学のときに母を亡くしたから早くから料理をするようになった」と言われたら、その日のテーマが料理でも「お母さん、中学で亡くなったんですか？　それは大変なことですよね。そのとき生活はどうなさったんですか」って聞くと思います。

堀井　そのときの阿川さんにとっては、それがいちばん気になる言葉だったということですね。話を無理に進めたり、「聞かないといけないこと」に寄せたりしない。

阿川　そうそう。自分の経験を話すときって、無意識にその時代に戻るじゃないですか。当時の空気が頭の中で蠢《うごめ》いて、言葉を紡いでいく。そこで無理やり聞き手が別のところに話題を飛ばすとその人はまたスイッチ入れ替えなきゃいけない。でも、相手の頭の中にある空気から拾った言葉ならそのまま話をふくらませられるでしょう？「あのときお母さんの病院に何度も行ったな」「弟はまだちっちゃかったな」と思い出がぐるぐる回っているときに「ところで得意な料理はなんですか」って聞かれたら、ねえ。

もちろん、聞かなきゃいけない質問は大切ですよ。でも頭の片隅にその意識は残しつつ、しゃべっている人の気持ちがどこにあるのかってことを大事にしたいんです。そうすると、ずいぶん長いこと開けてなかった心の引き出しが開いて、ほんとうのその人らしさとか、苦しみや喜びが出てくる。過去の資料には書いてなかった話が出てくることもあります。

堀井　ほんとうに、そのとおりですね。

阿川　エラそうに言ってるけど、毎回うまくいくわけじゃないですよ。踏み込みすぎて失敗することもあるし、和む時間を作れないまま終わったときだってあるし。聞かなきゃいけない項目は全部聞いたけどなんとなくおもしろくなかったなってこともあります。

堀井　ああ、「きれいにまとまったんだけどつまらない」、ありますよね。規定演技は完璧にできました、でも自由演技は駄目でしたって。

阿川　まさに！　この人は譜面どおりに演奏しているんだろうけど心に響かないわあって。

堀井　相づちや質問を、学んだとおりに実践していている「だけ」だと、そうなるのかもしれません。自分の心が伝わらないから。やっぱり「聞きたい！」という気持ちがないと、どうがんばってもおもしろくはならない。

阿川　うんうん。抜かりなくやってる人はつまらないですよね。よくお勉強しましたね、以上、という（笑）。

堀井　では阿川さんは、どういう方が「聞き上手」だと思われますか？

阿川　そうねえ。『聞く力』を出したとき、取材で「聞くためにはなにがいちばん大切ですか」って質問されたんです。私、そこで、「聞くってことじゃないですか」って言ったんですよ。

堀井　禅問答のような。

阿川　だいたいの人は、そんなに人の話は真剣に聞いてないんです。でも、だからこそ心から聞いてるとき、それはしゃべってる人に伝わります。相づちが下手でも、朴《ぼく》訥《とつ》とした質問の仕方でも、この人は私の話を心に響かせてくれてるんだなとわかる。だから「聞いている人」が、「聞き上手」、というのが私の答えですね。……でもねえ、人の話を常に100パーセント聞くなんて、絶対に無理！　クタクタになっちゃう。人間の耳は、取捨選択するようにできているんです。

堀井　私も聞き手でいることが多いですが、常に100パーセントではなくて、ところどころ「抜きどころ」があります。ここぞというときは聞いて、ここは大丈夫かなというところではふと耳の力を抜く。それでいいんだと思います。

阿川　まっ。優しい顔してちゃんと話を「捨てて」るんですね。

堀井　(笑)。それにしても私と阿川さんだと、素の自分が聞くときの「耳の持っていき方」が全然違うなと思いました。阿川さんは、ご自分の言葉で対話される。私は自分が脇役で相手が主役だという感覚が常にある。この本で言うところの「聴きポジ」

に対する意識（その場にどういうふうに存在するか、どういうふうに人の話を聞くか）がまったく違います。

阿川　もう性格ですよね。私は自分の愚にもつかぬ話をおもしろがってくれる人が好きですが、堀井さんはどういう方と話すのが楽しいですか？

堀井　ずっと話し続けてくれる人ですね。相手の言葉をシャワーのように浴びながら、自分がちょっとずつ方向転換させていくのが楽しくて。

阿川　わ、猛獣使いなんだ！　相手がしゃべって、自分が動かす。

堀井　ラケットで打ち合うよりも、背中に乗って会話を導きたいというか。

阿川　はーっ。ほんとうに優秀な聴き手ですね。

堀井　いえいえ、サボってるだけです。だからこの本の「聴き方」って、身につけるとすごくラクチンに過ごせると思うんです。話題を提供することなく、話術を磨くことなく会話が和やかに進むという。

阿川　それで人からは好かれるなんて、いいこと尽くめですね。いやあ、ホントの女王様はそちらかもしれない。私はただ騒いでる下女みたいに思えてきちゃったわ（笑）。

自分の言葉で聞く

堀井　いま、世間では「聞く」ことに注目が集まって、ある種のビジネスになっています。何十分いくらで話を聞きます、というような。じゃあ私は誰に聞いてほしいかなって言ったら、いくらでも出すので（笑）阿川さんにお願いしたいと思いました。なぜかというと、ご自分の言葉で聞いてくださるから。

だいぶ前ですが、ショックなことがあったんです。映画の取材で、あるタレントさんに「この役について」とか「みなさんにメッセージを」といった台本通りの質問をしていたら、取材後に「ダサい質問ばかりだった」って言われてしまって。

阿川　あらま！　なんて言い草。

堀井　そのとき、同じ質問でも「言葉」を変えればよかったんだな、自分の言葉を使わずに済ませてしまったなと反省しました。阿川さんのインタビューを拝読すると、「耳にしたことのある質問」をされないんですよね。定型文を使わない。同じ答えを導くうえでも、阿川さんならではの聞き方をされている。とてもむずかしいことをサラリとされているなと思いました。

阿川 それは、意識しているのもあるけど、根が小心者なんですよ。それこそ映画公開に合わせたインタビューなんて、一日十数種類のメディアから取材を受けるわけでしょう？「私は何番目ですか」って聞いて、ひとり目だって言われたらほっとするけど、「8人目です」なんてもういい加減しゃべり飽きてるに決まってるじゃない。ビクビクしつつ、聞かなきゃいけない定型質問を投げかけるときは「百万回聞かれてると思いますけども、いいですか」って最初に言っちゃうの。

堀井 これからイヤな質問します、ストレスがかかる質問しますと伝える。そのひと言で、相手も「自分のことを理解してくれている」と感じられますね。

阿川 相手が今どういう気持ちでいるかを観察しているんですよね。いい加減この取材に飽きてるなとか、また同じような質問かって顔してるなとか。察しつつ、観察しつつ、少しでも気持ちよく答えてもらうように聞くように心がけています。小心者ですから。

堀井 その気遣いは、阿川さんのインタビューからとても感じます。

阿川 でも、堀井さんの一歩後ろに下がる癖は仕事でもプライベートでも堀井さんの個性や武器になっているし、きっと周りの方も話しやすいわあって感じておられると思います。堀井さんは、聞くのがほんとうに好きなんだなと感じますもの。

堀井 ありがとうございます。私にとって、「聞く」はひとつのエンタメなんです。映画もドキュメンタリーなどのノンフィクションが好きですし、「ほんとうの話」を聞きたいんだと思います。阿川さんは、聞くことがお好きですか？

阿川 相手が前のめりに話してくれるときはうれしいけど、乗り気じゃないとすぐ帰りたくなっちゃう（笑）。そこは粘り強くないの。堀井さんに学ばないと。

堀井 いえいえ。会話ってお互いさまみたいなところがあるので、やっぱり「楽しい場にしよう」っていう気持ちが一切ない人と一緒にいるのはしんどいですよね。私もそういうとき、無理にこじ開けたり盛り上げたりしようとはしません。

阿川 そうそう。おもしろい場をつくろうっていう気持ちが共通していると、楽しいんですけどね。そうは言ってもいられないので、日々、一生懸命聞いています。

堀井　私も「読む」と「聞く」に関しては、引退するまで磨きつづけていきたいと思います。ほんとうに今日はありがとうございました。また何十分いくらでお話を聞いてください（笑）。

阿川　ふふふふ。5分5円でお受けいたしましょう。

おわりに

幼い頃からずっと、聴く側の人間でした。内気な子どもだったからでも周りに遠慮していたからでもありません。ただ、人の話に聴き入ることが心地よかったのだと思います。その時間にしか生まれない、たくさんの会話の中にいることが幸せだったのです。

自分の話をするより、まず相手の話を聴きたい。いつしか、聴くことによって自分の居場所が作られていく感覚を知り、それが仕事になりました。

自分にとっては、なんの理屈も計算もなしに無意識にやってきたことです。

だから「聴くことについての本を出しませんか」とお声がけいただいた時、少し躊躇《ためら》いました。

世の中にはすでに「聴くこと」に関する本も出版されているのに、これ以上「聴くこと」の何を語れるのだろうか。話すのが好きで、聴く側にストレスに感じる人もいるだろう、その人たちに私の「聴くポジション」に入るというやり方は理解されるのだろうか。

少しの迷いを抱えながら、自分なりの「聴く」を整理していくうちに、見えてきたことがありました。それは、私のしてきた聴くことは決して消極的な行為ではなかった。自我を消していたわけでもない。むしろ相手の言葉を聴いて、自分自身にも問うていたのではないかということです。

小林秀雄さんの講演CDを聞いていた時期、私がメモに残したのは、「質問は難しい。うまく質問することはもう答えがいらないということでもある。（中略）ただ正しく聞くことはできる。だから正しく聞く、聞こうと、諸君考えてくれ。質問したら答えてくれると思うな」という知られた一節です。

質問をするというのは考えることである。言葉をよく聞き自分で考えることは自分への問いかけの積み重ねである。ということを伝えていたと思います。

私がこの本で述べてきた「聴きポジションでうまくやる」という意味も、不作為に相手に委ねて楽をするということではありません。決して簡単ではない、聴いて考えることをすることで、自分自身を知り、安心してその場所に存在しようというものなのです。

聴くことは突き詰めれば突き詰めるほど深いものです。私も「聴く」とは何かをもっともっと知らなければいけないと思っています。

この本の完成まで、声をかけてくださった徳間書店の立原亜矢子さん、構成の田中裕子さんと3人で「聴く」とはどういうことなのかと思い悩み、長い時間会話を重ねてきました。私の本能としての「聴く」という行為を丁寧に読み解き、言語化してくださったお2人にまずは心より感謝いたします。

そしてこの本が、微力ながらみなさんの「聴くこと」の一助になれるのであれば、私たち3人も幸せです。

堀井美香

堀井美香（ほりい・みか）

フリーランスアナウンサー。1972年、秋田県生まれ。1995年、TBSにアナウンサーとして入社。永六輔、みのもんた、久米宏、竹中直人（いずれも敬称略）など、個性的な先達のアシスタントを長年にわたって務めた。2022年3月に退社し、現在はフリーランスアナウンサーとして活動。ジェーン・スーとの大人気ポッドキャスト「OVER THE SUN」など、独立後の活躍も目覚ましい。著書に『「OVER THE SUN」公式互助会本』（左右社）『音読教室 現役アナウンサーが教える教科書を読んで言葉を楽しむテクニック』（カンゼン）『一旦、退社』（大和書房）がある。

聴きポジのススメ

会話のプロが教える聴く技術

2023年5月31日　第1刷

著　者　堀井美香
発行者　小宮英行
発行所　株式会社 徳間書店
〒141-8202 東京都品川区上大崎3-1-1
目黒セントラルスクエア
電話　編集（03）5403-4344　販売（049）293-5521
振替　00140-0-44392
本文印刷　本郷印刷 株式会社
カバー印刷　真生印刷 株式会社
製本　東京美術紙工 協業組合

ISBN978-4-19-865634-8